ÁRIES
ÁRIES
ÁRIES
ÁRIES
ÁRIES
ÁRIES
ÁRIES

# BRUXA DE ÁRIES

♈

## Sobre os Autores

**Ivo Dominguez, Jr. (Georgetown, DE)** tem atuado na comunidade mágica desde 1978. Ele é um dos fundadores do Keepers of the Holly Chalice, o primeiro Coven Assembly of the Sacred Wheel. Atualmente, trabalha como um dos Elders da Assembleia. Ivo é autor de vários livros, incluindo *The Four Elements of the Wise* e *Practical Astrology for Witches and Pagans*. Em sua vida mundana, foi programador de computador, diretor executivo de uma organização sobre a AIDS/HIV, dono de uma livraria e muitas outras coisas. Visite-o em: www.ivodominguezjr.com.

## Sobre os Autores

**Diotima Mantineia (Asheville, NC)** é uma Bruxa e tem sido astróloga profissional e leitora de Tarô por mais de trinta anos. Autora de *Touch the Earth, Kiss the Sky: Allowing the Rational Mind to Welcome Magic & Spirituality* (Llewellyn, 2020). Diotima escreve para a Witches & Pagans e ainda leciona. A paixão dela pela ciência a levou a uma licenciatura em ciência do solo e das plantações, bem como a um trabalho de pós-graduação na área. Visite-a em: http://www.uraniaswell.com.

Desperte a Magia do Seu Signo

# BRUXA DE ÁRIES

Ivo Dominguez Jr.
Diotima Mantineia

Publicado originalmente em inglês sob o título
"Aries Witch: Unlock the Magic of Your Sun Sign"

Published by Llewellyn Publications -
Woodbury, MN, 55125, USA, www.llewellyn.com



Editor Responsável: Claudiney Prieto
Coordenação Editorial: Luciana Papale
Capa: Ardane Books
Revisão: Papale's Editorial
Diagramação: Lara Design Editorial
Tradução: Rejeane Melo

DADOS INTERNACIONAIS DE CATALOGAÇÃO NA PUBLICAÇÃO (CIP)
CÂMARA BRASILEIRO DO LIVRO, SP, BRASIL

D671 Dominguez, Ivo Jr.
Bruxa de Áries - Desperte a Magia do Seu Signo / Ivo Dominguez Jr.,
Diotima Mantineia; Tradução de: Rejeane Melo
Editora Ardane | 1ª edição | São Paulo | 2024

Tradução de: ARIES WITCH- UNLOCK THE MAGIC OF YOUR SUN SIGN
ISBN: 978-65-85370-24-0

1. Wicca. 2. Bruxaria 3. Esoterismo. 4. Magia 5. Astrologia I. Título.

CDD 133.43
CDU 133.4



EDITORA ARDANE
www.ardane.com.br
Fone: (11) 97774-4013
E-mail: contato@ardane.com.br
Instagram: @ardanebooks

ÁRIES
ÁRIES
ÁRIES
ÁRIES
ÁRIES
ÁRIES

## AVISO

A Editora Ardane e seus escritores não se responsabilizam por eventuais lesões ou danos sofridos pelo leitor que possam decorrer da utilização do conteúdo presente nesta obra. Sugerimos prudência e ponderação ao realizar as práticas apresentadas neste livro. O conteúdo desta leitura não tem como objetivo substituir orientações de profissionais da área médica ou psicológica. Recomendamos aos leitores que procurarem seus especialistas em saúde pessoal para possíveis tratamentos. O uso de ervas, plantas e óleos essenciais deve ser feito com cuidado e uma investigação detalhada acerca de qualquer planta citada neste livro deve ser conduzida pelo leitor antes de manuseá-la. Ao lidar com fogo, siga as medidas de segurança contra incêndios e jamais deixe velas ou outras fontes incandescentes sem supervisão.

♈

# SUMÁRIO

# FEITIÇOS, RECEITAS E PRÁTICAS

ÁRIES
ÁRIES
ÁRIES
ÁRIES
ÁRIES
ÁRIES
ÁRIES

# INTRODUÇÃO

Ivo Dominguez, Jr.

Este é o primeiro livro da série *Bruxa de Cada Signo*, composta por doze volumes que traz um livro para cada signo solar, porém, com foco especial na Bruxaria. Esta série explora e homenageia os dons, as perspectivas e as alegrias de ser uma Bruxa pela ótica de seu signo solar. Cada livro contém informações sobre como o seu signo afeta sua magia e experiências de vida com percepções fornecidas por Bruxas de cada signo, bem como feitiços, rituais e práticas para enriquecer sua Bruxaria. Uma série voltada para ajudar as Bruxas a crescerem, desenvolverem-se e integrarem o poder de seu signo solar em todas as suas práticas.

Cada livro conta com a contribuição de dez autores diferentes, oferecendo diversas interpretações sobre o significado de ser uma Bruxa de um determinado signo. Todos os livros da série "A Bruxa de Cada Signo" apresentam amostras de possibilidades, com peças que são intensas, divertidas, práticas, curativas, instrutivas, reveladoras e autênticas.

## Boas-vindas à Bruxa de Áries

Meu nome é Ivo Dominguez Jr., e eu sou Bruxo e Astrólogo há mais de quarenta anos. Neste livro, e em toda a série, escrevi os capítulos focados em informações astrológicas e colaborei com os outros escritores. Pelo bem da transparência, sou sagitariano, e a maioria dos outros autores deste livro são de Áries[1]. Os capítulos que focam na experiência vivida por ser uma Bruxa de Áries foram escritos pela minha coautora, Diotima Mantineia, que tem sido uma astróloga, taróloga, escritora profissional e Bruxa há mais de trinta anos. Os feitiços e trechos mais breves escritos para este livro vêm de um grupo diversificado de talentosas Bruxas de Áries. Essas práticas proporcionarão uma compreensão mais profunda de si mesma como nativa de Áries e como Bruxa. Com as informações, percepções e métodos oferecidos aqui, sua natureza de Áries e sua prática de Bruxaria estarão em harmonia. O processo de se tornar plenamente você mesma envolve encontrar, refinar e fundir todas as partes que moldam a sua vida e a sua identidade. Embora isso tudo pareça muito sério, o conteúdo deste livro vai do alegre ao profundo para fazer justiça ao tema. Além disso, este livro traz sugestões práticas sobre como utilizar o poder do seu signo solar para aprimorar o seu ofício como uma Bruxa.

1. As exceções são Dawn Aurora Hunt, que contribui com uma receita para cada signo da série, e Sandra Kynes, cujas correspondências estão listadas no apêndice.

Sabemos que existem diversos livros sobre o signo de Áries, sobre Astrologia e sobre Bruxaria. No entanto, este livro se dedica a explorar como ser *plenamente* uma Bruxa de Áries. Há também uma vasta quantidade de material disponível em blogs, memes e vídeos direcionados ao signo de Áries. Esse conteúdo varia do sério ao sarcástico, e uma boa parte disso é pouco útil ou necessária.

Depois de ler este livro, você estará mais bem equipada para discernir quais desses materiais poderá levar a sério e utilizar, e quais são bons para dar boas risadas, mas não muito mais que isso. Há uma boa chance de você voltar a reler alguns capítulos para obter uma compreensão mais aprofundada de alguns pontos abordados. Este livro destina-se a ser lido mais de uma vez; algumas partes podem até se tornar material de referência, podendo ser utilizado por anos. Considere manter uma pasta digital ou em papel para suas anotações e ideias sobre ser uma Bruxa de Áries.

## O Que Você Vai Precisar

Conhecer o seu signo solar é suficiente para entender um pouco deste livro. No entanto, para usar todo o material aqui contido, será necessário conhecer seu mapa astral para conferir seu signo lunar e ascendente. Além da sua data de nascimento, seria útil ter a sua localização e, se possível, a hora exata do nascimento. Se você não souber o horário exato, pode tentar obter uma cópia da sua certidão de nascimento, embora nem todas listem os horários. Se for razoável e se sentir confortável, peça informações aos seus familiares. Eles podem se lembrar de uma hora exata, ou mesmo reduzi-la a um intervalo de horas que será útil, uma boa solução, caso não tenha a hora exata do seu nascimento. Como leva alguns minutos para criar mapas astrais usando um software, o ideal seria executar seus mapas com espaços de trinta minutos ao longo de um intervalo de horas que contém seus possíveis horários de nascimento. Ao ler os capítulos que descrevem as características dos signos lunares e dos signos ascendentes, você pode reduzir a pilha dos mapas possíveis para apenas algumas opções. Leia as descrições e encontre o mapa cuja combinação de signo lunar e ascendente soe verdadeiro para você. Existem técnicas mais refinadas que um astrólogo profissional pode utilizar para interpretar um mapa astral com maior precisão. No entanto, conhecer seu signo solar, lunar e ascendente é tudo que você precisa para este livro. Há inúmeros sites on-line que oferecem mapas astrais básicos gratuitos. Geralmente, por uma pequena taxa, esses sites fornecem opções para mapas mais detalhados.

É aconselhável ter um calendário astrológico de parede ou um planner astrológico diário para acompanhar o signo e a fase da Lua. Você vai querer acompanhar o que seu planeta regente, Marte, está fazendo. Com o tempo, conforme seu conhecimento cresce, provavelmente você vai começar a observar a posição de todos os planetas, quais seus aspectos atuantes e quando estão retrógrados ou diretos. Tudo isso pode ser feito em um aplicativo ou em um site, mas muitas vezes é mais prático folhear um calendário ou agenda para ver o que está acontecendo. Folhear este livro ao longo das semanas e meses pode fornecer uma melhor compreensão de como se preparar para as próximas influências celestiais. Além disso, os calendários e planners incluem informações básicas sobre Astrologia e podem ser um ótimo ponto de partida para iniciar seus estudos nessa área.

## Você é Uma Ariana e Muito Mais Que Isso

Cada pessoa é única, complexa e uma mistura de características que podem colidir, complementar, competir ou colaborar umas com as outras. Este livro é direcionado para o seu signo solar em Áries e oferece pontos de partida para compreender seu signo lunar e ascendente. A intenção aqui não é responder a todas as suas perguntas ou alcançar a perfeição, pois há outros fatores que contribuem para a individualidade de cada pessoa. No entanto, você encontrará mais do que o suficiente para enriquecer e aprofundar sua prática de Bruxaria como uma ariana. Haverá também descrições com as quais você pode não concordar ou achar que não a representam. Em alguns casos, isso estará correto, em outros, pode acabar reconhecendo que as informações se aplicam sim a você.

A Astrologia pode ser usada para magia, adivinhação, desenvolvimento pessoal e muito mais. Não importa o propósito, sua compreensão da Astrologia mudará ao longo do tempo conforme a sua vida se desenrola e sua experiência e autoconhecimento se ampliam. Você provavelmente retornará a este livro várias vezes à medida que for encontrando oportunidades para usar mais de suas percepções e métodos.

Isso pode parecer um conselho estranho a ser encontrado em um livro para uma Bruxa de Áries, mas lembre-se de que você é muito mais do que uma Bruxa de Áries. No processo de reivindicar a identidade de ser uma Bruxa, é comum querer ter uma clara e firme definição de quem você é.

Às vezes, isso significa identificar-se com uma categoria, como Bruxa do Fogo, Bruxa das Ervas, Bruxa dos Cristais, Bruxa da Cozinha, e assim por diante. É útil tomar consciência das afinidades que você tem, desde que não se limite nem se vincule a ser menos do que realmente é. O melhor uso para este livro é descobrir todas as partes de Áries que há em você para que possa integrá-las de maneira eficaz.

As melhores Bruxas que conheço têm especialidades bem desenvolvidas, mas também são bastante sintonizadas com seus conhecimentos e práticas.

## Avante!

Dito isso, o Sol é o ponto de partida para seu poder e sua jornada como Bruxa. O primeiro capítulo deste livro aborda a profunda influência que seu signo solar exerce sobre você, então, por favor, não pule nenhum conteúdo; comece pelo início. Na sequência, Diotima vai mergulhar na magia e nas práticas que vêm naturalmente para as Bruxas de Áries. Eu servirei como um guia, mostrando os benefícios de escolher horários, lugares e eventos para energizar sua magia com o signo de Áries.

Diotima também compartilha conosco algumas histórias pessoais da vida real, incluindo seus altos e baixos, e oferece orientações sobre como utilizar seus recursos mágicos e mundanos, além de conselhos sobre as melhores maneiras de se proteger espiritualmente e estabelecer bons limites quando necessário. Vou apresentar aqui, como o seu signo lunar e seu signo ascendente moldam sua magia. Diotima proporcionará grandes histórias sobre como sua natureza de Áries surge em sua vida como Bruxa e, em seguida, dará sugestões sobre autocuidado e autoconsciência.

Um ritual completo também será compartilhado por mim para chamar o espírito do seu signo. Por fim, Diotima oferece sua sabedoria sobre como se tornar uma melhor Bruxa de Áries. Ao longo de todo livro, você encontrará tabelas de correspondências, feitiços, receitas, técnicas e outros tesouros para adicionar às suas práticas.

ÁRIES
ÁRIES
ÁRIES
ÁRIES
ÁRIES
ÁRIES

# COMO SEU SOL EMPODERA SUA MAGIA

Ivo Dominguez, Jr.

A primeira parte da Astrologia que as pessoas geramente aprendem é o seu signo solar. Muitas abraçam com entusiasmo o significado de seu signo solar e o aplicam a tudo em sua vida. Essas pessoas sentem que seu Sol está brilhando e que tudo está bem no mundo. Então, em algum momento, alguém irá cruzar o caminho delas com um pouco de desdém e esclarecer os limites da Astrologia sobre seu signo solar. É aí que elas vão sentir que seu Sol não é suficiente e vão correr para saber mais. O que vem a seguir é geralmente a descoberta de que elas têm um signo lunar, um signo ascendente e todo o resto dos planetas em uma variedade de signos. Tomar ciência de toda essa informação adicional é assustador, pois requer bastante aprendizado e/ou um astrólogo para guiá-las no processo. Porém, onde quer que esteja nesta jornada pelo mundo da Astrologia, em algum momento você vai voltar e redescobrir que o Sol ainda está no centro. O Sol em seu mapa astral mostra onde a vida e o espírito surgem no mundo para formar você.

Ele é o guardião da centelha de seu espírito e a fonte de seu poder. Seu Sol está em Áries, então esse é o sabor, a cor, o tipo de energia que está em seu núcleo. Você é todo seu mapa astral, mas é o seu Sol em Áries que fornece a força vital que se move em todas as partes da sua vida. Quando trabalha em harmonia e alinhamento com o seu Sol, você tem acesso a mais vida e a capacidade de vivê-la melhor. Isso é verdade para todas as pessoas, mas esse conselho assume um significado especial para aquelas que são Bruxas. A raiz do poder mágico de uma Bruxa é revelada pelo seu signo solar. Você pode se conectar com muitos tipos de energia, mas a energia que vai atrair com maior facilidade é a de Áries. Quanto mais consciência e intenção aplicar para se conectar e agir como um canal para esse Sol em Áries, mais eficaz você será como Bruxa. Quanto mais você aprender sobre o significado de um Sol em Áries, mais fácil será de encontrar maneiras para fazer essa conexão.

Para ser eficaz em magia, adivinhação e outras categorias de trabalhos, é vital entender a si mesma – suas motivações, impulsos, atrações, etc. –, para que possa refinar suas intenções, perguntas e resultados desejados. Entender o seu signo solar é uma etapa importante nesse processo. Um dos objetivos compartilhados tanto pela Bruxaria quanto pela Astrologia é afirmar e integrar a totalidade de sua natureza para viver melhor a sua vida.

O glifo para o Sol na Astrologia é um ponto com um círculo ao redor. Seu Sol em Áries é o ponto, e o círculo é seu centro e sua circunferência. Este é o seu início, a sua jornada, o núcleo da sua Roda do Ano pessoal, as estações da sua vida que se repetem, têm ressonâncias, mas nunca são as mesmas.

## Quão Ariana Você É?

O Sol é o centro em torno do qual os planetas giram. Sua gravidade puxa os planetas para mantê-los em seus cursos e curvas de espaço-tempo para criar o lugar que chamamos de nosso "Sistema Solar". O Sol em seu mapa astral puxa todas as outras partes de seu mapa de maneira semelhante. Tudo é ao mesmo tempo vinculado e livre, afetado, mas buscando sua própria direção. Quando as pessoas encontram descrições das características de Áries, elas frequentemente começam a fazer uma lista de quais coisas se aplicam a elas e quais não.

Algumas irão dizer que são o epítome das características de Áries, outras afirmam que mal são de Áries, e muitas estarão em algum lugar no meio disso. Avaliar o quanto você se alinha ou não com as características tradicionais de um nativo de Áries não é uma tarefa particularmente útil de abordagem para entender seu signo. Se você é ariana, então tem todas as características do signo de Áries em algum lugar dentro de si mesma.

O que varia de pessoa para pessoa é a expressão desses traços. Algumas características se expressam totalmente de uma forma clássica, outras são bloqueadas de expressão, ou são modificadas, e às vezes ocorre uma reação que se manifesta como o oposto do esperado. Como ariana e, especialmente como Bruxa, você tem a capacidade de despertar traços adormecidos, moldar traços funcionais e atenuar traços hiperativos.

As características e traços dos signos são tendências, impulsos e afinidades. A gravidade encoraja uma bola a rolar colina abaixo. As folhas de uma planta crescem na direção da luz solar. O calor do fogo aproxima as pessoas em uma noite fria. Um sabor que você aprecia irá seduzi-lo a comer um pouco mais daquela sua comida. Seu Sol em Áries pede que você seja e aja como ariana. Dito isto, você também tem livre-arbítrio e vontade para fazer outras escolhas. Além disso, o restante do seu mapa astral e as influências celestiais em constante mudança também moldam suas opções, humores e impulsos. Quanto mais se tornar consciente das características e comportamentos que acompanham uma pessoa de Áries, mais fácil será escolher como você os expressa. A maioria das pessoas quer ter a liberdade de fazer suas próprias escolhas, mas para uma ariana, isso é duplamente importante.

Como Bruxa, você tem ferramentas adicionais para trabalhar com a energia de Aries. Você pode escolher quando acessar e como moldar as qualidades de Áries conforme elas surgem em sua vida. Pode convocar a energia de Áries, nomear as características que deseja e manifestá-las, e pode também banir, neutralizar ou aterrar o que não precisa mais, além de descobrir onde sua energia de Áries tem curtos-circuitos, onde ela falha e então desbloqueá-la.

Você pode examinar seus sentimentos desconfortáveis e seus comportamentos menos do que perfeitos e procurar por lugares obscuros em seu interior, para que possa curá-los ou integrá-los.

Áries também é um espírito e uma corrente de consciência coletiva de tamanho vasto – uma mente grupal e um arquétipo. Este signo não se limita à humanidade; ele está envolvido com plantas, animais, minerais e todos os seres físicos e não físicos da Terra e todos os seus reinos associados. Como Bruxa, você pode invocar e trabalhar com a entidade espiritual de Áries e viver sua vida como um ritual. O movimento da sua vida pode ser uma dança ao som e ritmo dos céus.

## O Glifo de Áries

O glifo correspondente ao signo de Áries é descrito como uma simples representação dos chifres de um carneiro. Isso certamente se aplica, o carneiro resume alguns comportamentos de Áries. O glifo também pode ser interpretado como uma semente brotando com duas folhas florescendo. Áries é o desejo de fazer a vida ser vivida. Costumo ver esse glifo como a representação de uma bifurcação na estrada. A energia de Áries é a energia da liberdade, e liberdade é poder fazer escolhas. O glifo de Áries é como um desenho simplificado de uma explosão, uma erupção de poder entrando no mundo manifesto.

Com o uso de sua imaginação, você pode ver esse glifo como o momento da primeira efusão da criação. Lembre-se novamente do glifo para o Sol: um ponto cercado por um círculo. Veja o ponto em sua mente. Então veja um raio de luz brotar desse ponto. Em seguida, o raio se divide em dois e começa a se enrolar. O raio deixa o ponto para trás e os dois segmentos continuam a se curvar. O raio dividido se junta para se tornar o círculo que envolve o ponto.

Ao meditar sobre esse glifo, uma compreensão mais profunda do que é ser nativa de Áries será desenvolvida. Você também pode criar sua própria gnose pessoal ou sua história sobre o glifo, que se tornará uma chave exclusivamente sua. O glifo para Áries pode ser empregado como um sigilo para invocar ou concentrar seu poder. De forma semelhante, pode ser usado para inscrição de um Pentagrama de Invocação no intuito de abrir os portões para os reinos elementais. No entanto, em vez dos reinos elementais, este glifo abre o caminho para o reino da mente e do espírito, que é a fonte de Áries. Para fazer esse glifo funcionar, você precisa enraizar profundamente o sentimento ao traçá-lo. Visualmente, é um glifo simples, então memorizá-lo será fácil, mas ter algum tipo de sensação cinestésica com ele é o que verdadeiramente vai torná-lo mágico.

Passe algum tempo rabiscando o glifo no papel. Experimente traçá-lo na palma da mão com o dedo diversas vezes, adicionando múltiplas camadas de sensação e padrões de memória.

Sempre que precisar acessar mais energia mágica, confiança, centralização e assim por diante, escreva o glifo de Áries em sua mente, em sua mão, no ar, ou como puder. Em seguida, puxe, canalize e sinta seu centro se encher com o que você precisa. Assim, pouquíssimo tempo será levado para abrir uma conexão usando o glifo. Considere tornar essa prática parte de sua rotina ao se preparar para fazer adivinhação, trabalhar feitiços, realizar rituais ou simplesmente começar o dia.

## *Padrões de Áries*

Aqui está uma breve lista de padrões, diretrizes e preferências para ajudar as pessoas com o Sol em Áries a iniciar seus estudos. Se você mantém um Livro das Sombras, um diário ou arquivos digitais para registrar seus pensamentos e percepções sobre seu trabalho mágico, considere criar sua própria lista para expandi-los. O processo de observar, resumir e anotar suas próprias ideias em uma lista é uma ótima maneira de aprender sobre o seu signo.

- Áries é atraído pelos papéis de guerreiro, desbravador e pioneiro.
- Pular de cabeça para a ação é o padrão de Áries.
- Embora seus comportamentos sejam vistos como obstinados, confiantes e controlados, as pessoas de Áries precisam ser asseguradas pelos outros de que são corajosas e fortes.
- Pessoas de Áries podem rapidamente passar de assertivas para agressivas. Seja clara sobre o quê e o porquê de suas ações e veja se os resultados correspondem às suas intenções.

- A ariana quando tem uma causa a perseguir ou um desejo no coração, entra em contato com uma tremenda corrente de energia que se renova rapidamente.
- Quando está no seu melhor, suas ações são inspiradoras para os outros. Quando não está agindo de acordo com sua melhor natureza, os outros podem se sentir intimidados ou apagados.
- Áries tem o dom da existência pura – o poder de ser e de se divertir simplesmente.
- A ariana adora rir e sabe incluir os outros na brincadeira. Este é o bálsamo que acalma o excesso de Fogo que às vezes queima aqueles que estão por perto.
- Seu desejo de assumir o comando, de acertar as coisas e de proteger as pessoas ao seu redor é uma bênção e um desafio.
- Paixões ardentes vêm facilmente para uma pessoa de Áries, mas conectar-se com suas emoções mais frias e sentimentos profundos requer uma escolha consciente a se desenvolver. O esforço vale a pena; para uma pessoa de Áries, o contato com seu coração pode realizar quase tudo.

- Aprenda a se afastar de uma briga e apenas concorde com batalhas dignas de seu interesse.
- Se não sentir paixão por algo, isso não vai funcionar para você e nem será sua vocação. Se há algo tedioso que deve fazer para alcançar seus objetivos, veja-o como um desafio a superar e você terá a direção que precisa.
- Impaciência ou tédio são sinais de alerta de que você precisa encontrar algo para fazer. Se não o fizer, a energia vai crescer e explodir de maneiras que não são produtivas.
- Quando estiver irritada com as reclamações ou o choramingar de alguém, preste muita atenção, pois provavelmente há uma informação útil ou uma lição a ser aprendida.
- Pessoas de Áries são mais felizes quando vivem suas vidas como um livro aberto.
- O mundo precisa de mais pessoas dispostas a salvar o dia e a lutar o bom combate, e a mulher de Áries está muitas vezes entre as primeiras a atender a esse chamado. Não tente correr tanto a ponto de sair sem pegar os detalhes e sempre tenha um plano B.

- Para a ariana, não existe isso de ter muita energia. O truque está em encontrar maneiras de fazer um bom uso dela.
- A honestidade é importante para ariana, assim como as primeiras impressões. Sempre que se encontrar com alguém, finja que é a primeira vez, mesmo que seja o décimo encontro. Dessa forma, você pode se tornar uma juíza de caráter melhor.
- A raiva pode vir forte e repentinamente, mas a ariana a solta com a mesma rapidez, o que é uma dádiva. Esteja ciente de que outras pessoas podem ser afetadas por sua raiva mesmo que isso venha a se tornar apenas uma vaga lembrança para você.
- Em alguns sistemas espirituais, a importância de abrir mão do ego em favor de sua dissolução ou a fusão com uma consciência superior é vista como uma meta primordial. Para uma pessoa de Áries, o trabalho de sua vida é provar e melhorar a si mesma, isso também se aplica aos seus egos. É preciso polir a joia do seu ego e sua função executiva; não jogue isso fora.

## Fogo Cardinal

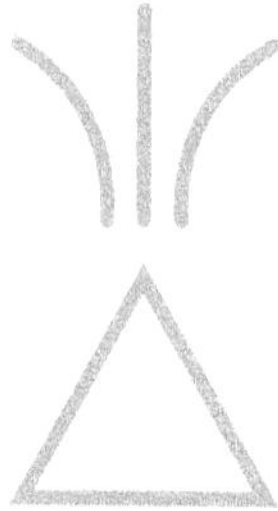

Os quatro elementos da natureza são agrupados em conjuntos de três, cada um associado às modalidades conhecidas como Cardinais, Fixas e Mutáveis. Estas modalidades representam três qualidades distintas ou estilos de manifestação para cada elemento. O padrão de doze vezes que é a espinha dorsal da Astrologia vem das doze combinações produzidas a partir de quatro elementos vezes três modalidades. Ao dar a volta na roda do zodíaco, a ordem dos elementos é sempre Fogo, Terra, Ar e Água, enquanto as modalidades estão sempre na ordem de Cardinal, Fixo, depois Mutável. Cada temporada começa na modalidade Cardinal, atinge seu ápice na modalidade Fixa e se transforma para o próximo período na modalidade Mutável.

A modalidade Cardinal é a energia da criação irrompendo, nascendo e se espalhando pelo mundo. A modalidade Fixa é a harmonização da energia que é preservada, tornando-se e permanecendo totalmente ela mesma. A palavra "Fixa", neste contexto, não significa estática ou passiva; é o trabalho de manutenção da criação. A modalidade Mutável é a energia do fluxo, a flexibilidade, transformação, morte e renascimento.

Áries é o primeiro signo do zodíaco, portanto é o Fogo da modalidade Cardinal. É por isso que uma Bruxa de Áries pode invocar poder e paixão tão rapidamente.

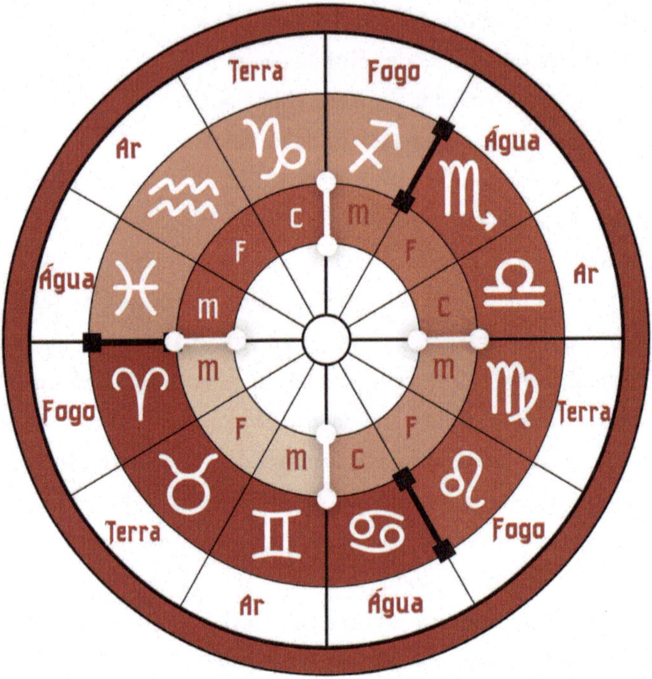


*Os elementos e as modalidades na roda*

Embora como uma Bruxa de Áries você possa invocar o fogo em todas as suas formas, é mais fácil recorrer ao Fogo Cardinal.

## Marte, Seu Planeta Regente ♂

Seu signo solar determina a fonte e o tipo de energia que você tem em seu âmago. O planeta regente de um signo revela seus movimentos favoráveis e suas respostas intuitivas, ou habituais, para expressar essa energia. Seu planeta regente oferece um conjunto curado de respostas pré-construídas e posturas personalizadas para você utilizar no seu dia a dia. Marte é o planeta regente de Áries. Para muitos, a primeira associação que surge ao ouvir o nome "Marte", é com o Deus Romano da Guerra. No entanto, a relação entre o planeta Marte e sua influência sobre o signo de Áries é mais complexa; as qualidades marciais são apenas uma fração do que ele traz.

Marte tem um comportamento assertivo e protetor, não apenas agressivo. É a raiz da paixão, especialmente da paixão sexual. Este planeta possui todas as formas de vitalidade física, vigor e saúde em si.

Marte é a força que se move em tudo o que vive. Ele se mostra igualmente bem no aríete carregado, no cachorro correndo em torno de um quintal ou num gatinho disparando de volta ao seu lar. Marte pede que você entre em ação, confie na sua intuição, confie em seu treinamento e se descubra à medida que avança. Não é de admirar que Áries seja conhecido por se lançar de cabeça em desafios e aventuras.

As Bruxas de Áries são mais fortemente afetadas pelo que quer que Marte esteja fazendo nos céus. É útil acompanhar os aspectos que Marte está tendo com outros planetas. Você pode obter informações básicas sobre o significado desses aspectos e quando eles estão acontecendo em calendários astrológicos e recursos on-line. Você vai sentir Marte retrógrado mais fortemente do que a maioria das pessoas. As Bruxas de Áries perceberão que o impacto retrógrado de Marte começará mais cedo e terminará alguns dias depois da duração anunciada. Além disso, quando Marte nos céus estiver em Áries, você sentirá um impulso extra de energia.

O primeiro passo para usar o poder de Marte é prestar atenção ao que está fazendo, como se sente e o que está acontecendo em sua vida. As Bruxas podem mudar sua relação com os poderes que as influenciam. A consciência torna possível aproveitar essas energias para os fins que você escolher. Feche os olhos, sinta esse poder e canalize-o em sua magia.

Marte pode ser uma grande fonte de energia para uma Bruxa de Áries, assim como o elemento Fogo. Embora haja alguma sobreposição entre as qualidades e capacidades atribuídas para Marte e Fogo, as diferenças são maiores. Marte rege como você é competitivo. O Fogo molda o que você deseja. Marte tem o poder de destruir. O Fogo tem o poder de purificar. Marte se deleita com consumo e aquisição. Fogo se deleita na transformação e na criação. Marte frustrado se volta para dentro e se torna raiva ou depressão. Fogo frustrado arde mais quente e brilha em lugares onde não deveria.

Com o tempo, você pode mapear as regiões sobrepostas e as diferenças entre Marte e Fogo. Usar recursos planetários e elementais pode lhe dar uma gama muito mais ampla e maior sutileza.

## Áries e a Roda Zodiacal

A ordem dos signos do zodíaco também pode ser interpretada como uma história da criação. O primeiro terço do zodíaco é a primeira aparição dos quatro elementos na história do Universo. Eles são recém-saídos do redemoinho da criação; estão mais próximos da fonte. Áries lembra o momento da criação. O Fogo de Áries é a mais primitiva de todas as versões do elemento Fogo. Embora Áries seja às vezes estereotipado como impulsivo e talvez imprudente, seu fogo primordial também é puro e tem fé em seu poder. Mesmo sendo verdadeiro para todas as Bruxas, a Bruxa de Áries precisa ainda mais se dedicar a descobrir quem ela é e onde seu poder habita dentro dela.

Quando consegue se conectar consistentemente com aquela centelha que é seu eu mais autêntico, ela se torna o gêiser de fogo que pode energizar qualquer coisa.

A Bruxa de Áries pode progredir nesta missão através da meditação e viagens interiores, mas somente isso não basta. Ela aprende fazendo; a ação é seu maior professor. Quando uma Bruxa de Áries se conecta com as qualidades espirituais de seu Fogo, ela se torna uma guerreira, a portadora da tocha da vida, e fica entusiasmada em seguir seu caminho, aconteça o que acontecer.

*Os signos e os Planetas Regentes na Roda Zodiacal*

# CORRESPONDÊNCIAS DE ÁRIES

♈

**Poder:** ser

**Palavra-chave:** vitalidade

**Comportamentos:** guerreiro, pioneiro, explorador

**Planeta Regente:** Marte ♂

**Elemento:** Fogo Cardinal

**Cores:** vermelho, escarlate, branco

**Forma:** pentágono

**Metais:** ferro e aço

**Parte do Corpo que Rege:** cabeça

**Dia da Semana:** terça-feira

**Afirmação:**

*Seguindo minha própria iniciativa,*
*torno-me verdadeiramente eu mesma.*

ÁRIES
ÁRIES
ÁRIES
ÁRIES
ÁRIES
ÁRIES

# A BRUXARIA QUE SURGE NATURALMENTE PARA UMA PESSOA DE ÁRIES

Diotima Mantineia

Como o primeiro signo do zodíaco, Áries está associado ao nascimento e aos começos. Lembrando que o primeiro começo que experimentamos nesta vida é o nascimento da nossa alma em um corpo físico. O Fogo é o elemento de Áries e, em nível esotérico, ele é conhecido como a porta de entrada entre o mundo espiritual e o reino físico.

O fogo vem naturalmente para a Bruxa de Áries. Nós estamos em nosso elemento quando trabalhamos com o fogo físico ou com manifestações mais esotéricas do fogo, como nosso metabolismo celular e a força vital que anima nosso corpo sutil. Há tantas maneiras de trabalhar com o fogo – algumas delas são minhas favoritas, como dançar ao redor de uma fogueira ou acender velas mágicas. Também pratico a Meditação do Fogo Interior que constrói energia sutil através de práticas de respiração (lembre-se de que o ar alimenta o fogo). Vidência de fogo é algo em que eu gostaria de trabalhar melhor, porque adoro me sentar ao redor de uma fogueira ao ar livre no verão e na frente da minha lareira no inverno. Mas é importante ter cuidado.

O fogo – muito parecido com o famoso temperamento de Áries – pode ficar fora de controle rapidamente. Nunca negligencie as precauções de segurança.

Para se conectar realmente ao elemento Fogo, ajuda saber algo sobre suas propriedades físicas. Os quatro elementos clássicos estão diretamente relacionados com os quatro estados da matéria na química: gasoso (Ar), líquido (Água), sólido (Terra) e plasma (Fogo). O plasma é o único estado da matéria em que os átomos são despojados de seus elétrons, formando um gás eletricamente carregado, que se manifesta não apenas como fogo, mas como a luz brilhante de sinais de néon, as deslumbrantes Luzes do Norte – a Aurora – e também o núcleo quente das estrelas.

Este estado de energia fluida e eletricamente carregado é aquele que podemos facilmente acessar para restaurar nossa energia pessoal ou reunir poder para nossa magia. Eu gosto de passar rapidamente um talismã através ou perto de uma chama e imaginar a dança, os elétrons livres da chama o envolvendo e animando-o com sua considerável energia. Se eu morasse onde as Luzes do Norte são vistas, definitivamente deixaria objetos mágicos para serem energizados nas noites em que elas se manifestam.

## Conexão com o Mundo Espiritual

Em muitas religiões e culturas, o fogo é visto como uma porta de entrada entre o reino físico e o reino dos ancestrais, o reino do espírito. Como o primogênito do fogo no zodíaco, Áries mantém uma conexão estreita com o mundo espiritual.

Essa conexão torna o trabalho em transe para contatar divindades, ancestrais ou outros espíritos um talento natural para a maioria de nós (embora certas outras colocações planetárias, como um forte Saturno ou a Lua em um signo de Terra, possa funcionar para tornar esse talento um pouco mais difícil de acessar para alguns de nós).

Comecei a trabalhar com estados de transe em meados da década de 1980 e esse trabalho abriu um mundo totalmente novo para mim. Demorei tentando lidar com as dúvidas existenciais e o autoquestionamento que foram o resultado dos meus anos de formação científica e da minha naturalmente cética Lua em Aquário, mas minhas inegáveis experiências em transe eventualmente me ajudaram a superar os obstáculos.

Os signos de Fogo são naturalmente intuitivos; Áries não é exceção. A maioria de nós achará fácil acessar estados de transe, embora nosso foco principal permaneça no mundo físico. O desafio existencial do nascimento – criar um lugar para nós mesmos neste mundo – sempre será um impulsionador para uma ariana. Estados de transe podem nos ajudar a entender mais sobre como criar dentro da realidade física e nos mantêm conectadas à energia ilimitada que vem do reino espiritual, para o conhecimento e o poder mágico que está lá disponível para nós.

No entanto, há uma ressalva. Áries tende a correr onde os anjos proverbiais temem pisar, e podemos nos meter em problemas se não nos preocupamos em aprender as habilidades e técnicas do trabalho de transe. Reservar um tempo para aprender como fazê-lo, antes de tudo em segurança, ajuda-nos a evitar situações e espíritos problemáticos e a encontrar o caminho de volta ao nosso nível normal de consciência.

As formas favoritas de uma Bruxa de Áries de acessar o transe geralmente envolvem movimento, como dançar (especialmente ao redor de uma fogueira!) ou andar em um labirinto. Mesmo se estivermos apenas sentadas, balançando, movendo nossas mãos, sacudindo um chocalho ou batendo uma lata como um tambor, isso pode nos ajudar a entrar em um estado de transe.

## Magia

O movimento não é apenas uma forma eficaz de entrar em transe. Movimentar-se também ajuda a aumentar a energia mágica para os feitiços. Técnicas mágicas que utilizam qualquer coisa, desde gestos de mão até movimentos de corpo inteiro, não são apenas um talento natural para Áries, mas também ajudam a evitar que fiquemos (deuses nos livrem!) entediadas. Manter nossa magia poderosa significa manter nossa magia fresca.

Uma ariana entediada fica magicamente comprometida, e ficamos entediadas facilmente. A magia que envolve muita repetição geralmente não nos atrai. O que queremos é diversão, paixão e inspiração. Isso ajuda a mudar as coisas magicamente quando não estamos nos sentindo inspiradas. Por exemplo, quando comecei a escrever os capítulos para este livro, minha intenção era ungir uma vela e queimá-la durante todo o tempo em que eu o escrevia. Mas o que veio à mão enquanto eu estava fuçando em minhas cestas mágicas foi um monte de velas com glitter, velas brancas e velas altas de aniversário; fui atraída a usá-las. Procurando novamente na próxima caixa, encontrei mais velas de aniversário – essas eram em forma de espiral, com brilho metálico e cores diferentes.

Então percebi que não precisava de uma vela para o livro todo – não tive dúvidas de que Ivo, meu coautor, tinha uma magia melhor para isso nas mãos. O que eu queria era a diversão de trabalhar com velas de qualquer cor que atualmente me atraísse, ungindo-as com diferentes óleos ou poções, energizando uma ou outra para acender aquela centelha de inspiração em mim toda vez que me sentava para escrever.

É por isso que as velas de aniversário são ótimas para a magia com velas para Áries. Embora possamos desenvolver disciplina e paciência para trabalhar feitiços de longo prazo quando necessário, a alma impaciente de Áries geralmente quer trabalhar um feitiço rápido, ou um monte de feitiços curtos em sequência, e as velas de aniversário são perfeitas para isso. Então, minhas seções deste livro foram magicamente inspiradas e apoiadas por um arco-íris de velas de aniversário de cores diferentes.

Outro tipo de magia que vem naturalmente para Áries é chamada de "abertura de caminhos" nas tradições mágicas do *hudu* afro-americano. Um trabalho mágico que não apenas remove bloqueios, mas cria oportunidades para progredir. Áries é um espírito pioneiro e adora encontrar novos caminhos e novas maneiras de seguir em frente.

Embora trabalhar com o *hudu* exija algum treinamento, você pode desenvolver sua própria magia de abertura de caminho/atração e oportunidades.

Na verdade, as Bruxas de Áries amam inventar novos feitiços! Se você tem experiência em feitiços, poderá conceber um trabalho usando técnicas de sua própria tradição mágica.

### Feitiço para Abrir Caminho

*Por Diotima Mantinea*

Se você ainda é relativamente nova com a magia, aqui está um modelo de feitiço que poderá usar para iniciar. Sinta-se à vontade para improvisar conforme ganha mais conhecimento e experiência. Apenas reconheça que, como na culinária, a experiência ajuda a aprender o que pode ser alterado ou ajustado em uma receita e o que não pode. Se não tiver certeza, pergunte a alguém com mais experiência ou siga a receita.

***Você vai precisar de:***

- Um pedaço de papel de 10 x 10 cm
- Uma caneta
- Uma vela amarela ou laranja, pequena o suficiente para queimar completamente no tempo que tiver disponível para o feitiço
- Um suporte resistente para a vela
- Um pouco de azeite de oliva, com uma ou duas gotas de lavanda e/ou óleo essencial de capim-limão (os óleos essenciais são opcionais)
- Incenso (lavanda, cedro, ou qualquer incenso de Mercúrio)
- Um prato à prova de fogo, grande o suficiente para queimar o papel

***Instruções:***

Você pode fazer este feitiço a qualquer momento, mas o ideal é em uma lua crescente em qualquer Lua em Gêmeos ou Sagitário. Primeiro leia todo o feitiço, depois prepare os materiais e coloque-os em seu altar.

Antes de começar, medite um pouco. Onde você se sente preso como se não pudesse ver o caminho a seguir? Em que área da sua vida quer que surjam novas perspectivas e novas oportunidades? Escreva estes pensamentos para que tenha clareza sobre o que quer fazer com este feitiço.

Agora, sente-se em frente ao seu altar e faça o que normalmente faria para se preparar para uma magia. Se você trabalha com seus ancestrais, quaisquer espíritos auxiliares ou divindades, peça-lhes que estejam presente agora. Ou apenas conecte-se com o seu Eu superior/maior.

Declare sua intenção claramente. *Diga algo como: venho hoje aqui para abrir um caminho na minha (área da vida) e atrair novas e benéficas oportunidades para mim.* Acenda o incenso.

Pegue o prato com o óleo, segure-o entre as palmas das mãos e diga algo como: *eu abençoo este óleo para o meu propósito de abrir um caminho adiante na minha (área da vida).* Pegue a vela, unte-a com o óleo e diga: *eestou ungindo esta vela para o meu propósito de abrir um caminho adiante na minha (área da vida).* Coloque a vela no suporte.

Agora escreva o seguinte (ou algo parecido) no papel:

*O caminho para uma* (área da vida) *melhor*
*se abre diante de mim.*
*Novas oportunidades acenam para mim logo adiante.*
*A sorte caminha comigo enquanto*
*viajo para o meu futuro brilhante.*

Assine com seu nome e fale as palavras escritas em voz alta. Dobre o papel em sua direção uma vez, gire-o 90 graus e dobre-o em sua direção novamente. Coloque-o sob o castiçal. Acenda a vela. Quando a vela estiver quase completamente apagada, mas não totalmente, retire o papel debaixo dela e queime-o na chama. Coloque-o no prato resistente ao fogo e deixe queimar até virar cinzas. Quando a vela acabar, pegue as cinzas do papel e jogue-as ou sopre-as no ar. Diga: *está feito*!

## Adivinhação

Dada a nossa natureza impulsiva, é útil para a Bruxa de Áries desenvolver habilidades de adivinhação. Quando sentimos o impulso de fazer algo cujo resultado terá um impacto real em nossa vida, levar alguns minutos considerando como isso pode funcionar é geralmente uma boa ideia, e a adivinhação costuma a ajudar nisso.

Não importa que estilo de adivinhação usar, tenha um ritual para executar primeiro. Embora uma Bruxa de Áries possa ficar muito focada quando assim deseja, muitas vezes precisamos de ajuda para entrar nesse estado de foco. O ritual que desenvolvi quando comecei a aprender Tarô envolve tocar três pontos específicos do meu corpo, repetindo uma breve invocação e acendendo uma vela. Inicialmente, fiz um ritual completo para conectar claramente esses gestos e palavras a estados de espírito específicos e aos espíritos que me auxiliam com a adivinhação. Agora que tudo está conectado, o processo leva cerca de trinta segundos. Eu tenho um ritual um pouco diferente que uso antes de uma consulta com um cliente de Astrologia.

Crie um ritual que funcione para você. Isso pode ser muito simples: um padrão respiratório especial, fazer um gesto que normalmente não faz, talvez acender uma vela, fazendo isso com a intenção de se conectar à uma orientação espiritual. Faça um ritual completo pelo menos uma vez, convocando qualquer orientação que possa conectá-la com o momento da adivinhação. Repita estas ações várias vezes.

Isso estabelecerá o ritual firmemente em sua mente e memória muscular. Desenvolver um breve ritual similar para se desconectar desse espaço psíquico assim que terminar é uma boa ideia.

Use esses rituais toda às vezes que for trabalhar com práticas adivinhatórias, tanto para melhorar suas adivinhações como para proteger sua própria energia e limites psíquicos.

## Ritual

Agir é importante para Áries. Queremos fazer coisas – qualquer coisa que afete ou mude o mundo ao nosso redor. E nós tendemos a não gastar muito tempo pensando antes de agir. É por isso que o ritual é tão útil para a Bruxa de Áries – ele nos permite agir em direção a um objetivo, mas exige que pensemos primeiro. Muitas vezes, podemos ficar impacientes com as exigências de um ritual – planejamento, configuração, tempo –, mas essas demandas nos ajudam a concentrar nossa energia, muitas vezes dispersa, e a esclarecer nossas intenções.

Embora possamos fazer rituais sozinhas, nós nos beneficiamos muito de rituais em grupo e temos muita energia para contribuir com eles. Uma vez que a energia ritual começa a fluir, a Bruxa de Áries vai levá-la e movê-la junto. Somos muito boas em mover energia, mas em rituais de grupo é importante prestarmos atenção como nossa energia está se misturando com a energia geral de todos.

A autonomia é importante para a Bruxa de Áries, mas se nos encontramos em uma situação de grupo, geralmente preferimos ser quem lidera o grupo, quem dá as ordens. À frente da multidão é onde nos sentimos mais confortáveis. Mas o lugar confortável nem sempre é o melhor lugar.

Trabalhar dentro de um Coven ou participar de rituais de grupo nos ajuda a ver as perspectivas dos outros. Aprendemos o poder de indivíduos trabalhando juntos em magia, bem como um verdadeiro líder sempre coloca as necessidades do grupo em primeiro lugar. Liderança é uma lição de vida para Áries.

Ainda assim, muitas de nós preferimos trabalhar nosso solo mágico e obter nossas lições de liderança em outras áreas da nossa vida. A prática da Bruxaria é maleável, e a Bruxa de Áries assume total vantagem sobre isso. Mesmo que estejamos trabalhando com grupos, nossas práticas individuais são importantes para nós, porque Áries está aqui para explorar o que significa ser um indivíduo soberano, e a Bruxaria é um método sem paralelo para fazer isso.

# CORRESPONDÊNCIAS MÁGICAS

♈

Certos tipos de feitiços e trabalhos mágicos são perfeitos para uma pessoa de Áries. Aqui estão algumas sugestões para os tipos de feitiços com os quais provavelmente vai se identificar, Instrumentos Mágicos que são adequados para nossa magia e algumas reflexões sobre objetivos mágicos e ideias para feitiços.

## Tipos de Magia

- Vela mágica
- Dança do fogo
- Abertura de caminhos
- Purificação do fogo
- Trabalho de transe
- Vidência com fogo

## Instrumentos Mágicos

- Varinha
- Espada
- Boline (*faca em forma de crescente*)
- Pederneira e acendedor
- Lanternas
- Velas

## Metas Mágicas e Ideias de Feitiço

- Proteção e magia de banimento
- Feitiços para trazer vitória
- Magia de startup para tirar um projeto do papel
- Feitiços para coragem e confiança
- Cura que recarrega a vitalidade
- Feitiços para clareza de propósito

ÁRIES
ÁRIES
ÁRIES
ÁRIES
ÁRIES
ÁRIES
ÁRIES

# HORÁRIOS, LUGARES E OUTRAS COISAS

Ivo Dominguez, Jr.

Provavelmente você já encontrou muitos gráficos e listas em livros e on-line catalogando aspectos que estão relacionados ao seu signo solar e ao seu planeta regente. Existem muitas variedades maravilhosamente selecionadas de ervas, cristais, listas de reprodução de música, moda, esportes, personagens fictícios, cartas de Tarô e muito mais que são atribuídas ao seu signo solar. Essas compilações de associações são mais do que uma curiosidade ou entretenimento. Correspondências são como mapas do tesouro que mostram a você onde encontrar o tipo e o gosto do poder que está procurando. São fluxogramas e diagramas que mostram a relação oculta interna entre as energias sutis e o mundo físico. Embora existam muitos propósitos para listas de correspondências, há dois que são especialmente valiosos para se tornar uma Bruxa de Áries melhor.

O primeiro é contemplar o significado das correspondências, a maneira pela qual elas revelam detalhes significativos sobre seu signo solar e planeta regente e como eles se conectam com você. Isso aprofundará sua compreensão do que é ser uma Bruxa de Áries.

Usar esses itens como pontos de conexão para acessar energias e essências que apoiam sua magia é o segundo propósito. Isso expandirá o número de ferramentas e recursos à sua disposição para todas as suas aplicações.

Cada seção deste capítulo irá apresentar um tipo de correlação com sugestões sobre como identificar e usar estes itens. Isso tudo é apenas um ponto de partida. Você encontrará muito mais à medida que for explorando e aprendendo. Conforme for ampliando seu conhecimento, você poderá se sentir um pouco confusa ao descobrir que as fontes discordam sobre as correlações. Essas contradições geralmente não são uma questão de quem está errado, mas uma questão de perspectiva, diferenças culturais e o objetivo de uso para as correlações.

Qualquer coisa que exista no mundo físico pode ser descrita como uma mistura de todos os elementos, planetas e signos. Você pode ser do signo de Áries, mas dependendo do resto do seu mapa, pode haver fortes concentrações de outros signos e elementos. Por exemplo, se descobrir que uma determinada erva está listada como associada tanto a Áries quanto a Escorpião, é porque ela contém ambas as naturezas em abundância. Nos casos de fortes correlações múltiplas, é importante convocar ou sintonizar aquilo que você precisa no momento.

## Horários

Você sempre terá acesso ao seu poder como uma Bruxa de Áries, mas há momentos em que o fluxo é mais forte, prontamente disponível ou mais facilmente invocado. Existem técnicas astrológicas sofisticadas e métodos para selecionar datas e horários que são específicos para o seu mapa de nascimento. Você pode se sair muito bem com métodos mais simples, a menos que queira aprender um pouco mais de Astrologia ou contratar alguém para determinar isso. Vamos olhar para os ciclos do ano solar, do mês lunar e das horas de rotação dia-noite. Quando o Sol ou a Lua está em Áries, ou por volta do momento em que começa a amanhecer a cada dia, você está no ponto ideal para se sintonizar com o núcleo de seu poder. O Sol entra em Áries no Equinócio de Primavera no Hemisfério Norte. A data para o Equinócio de Primavera varia, porque o calendário não é ancorado em eventos celestes.

A temporada de Áries é mais ou menos de 21 de Março a 19 de Abril, mas verifique seu calendário astrológico ou efemérides para determinar quando seria para um ano específico. A quantidade de energia que é acessível é maior quando o Sol está no mesmo grau de Áries em seu mapa astral. Esse pico nem sempre será na sua data de nascimento, mas muito perto disso. Aproveite a temporada de Áries para fazer magia e para recarregar e armazenar energia para o ano inteiro.

A Lua se move através dos doze signos a cada ciclo lunar e passa cerca de dois dias e meio em cada signo. Quando a Lua está em Áries, você tem acesso a mais poder lunar, porque a Lua nos céus tem uma ligação ressonante com o Sol no seu mapa astral. Em algum momento durante seu tempo em Áries, a Lua estará no mesmo grau que o seu Sol. Para você, esse será o pico da energia durante a passagem da Lua através de Áries naquele mês. Enquanto a Lua está em Áries, seu psiquismo fica mais forte, assim como sua capacidade de manifestar coisas. Quando a Lua está em quarto crescente, em qualquer signo, você pode recorrer ao seu poder mais facilmente, porque essa fase é de crescimento e ação.

Áries é o primeiro signo na ordem do zodíaco e é associado não apenas ao Equinócio de Primavera do Hemisfério Norte, mas também com o amanhecer e o nascer do Sol. Toda manhã, ao nascer do Sol, há uma ligação simbólica com o fogo Cardinal de Áries. A primeira hora é a mais poderosa, mas quanto mais perto chegar do momento real do nascer do sol, melhor. O poder que flui durante este tempo é mais o fogo primordial de Áries do que suas outras qualidades. Planeje usar o poder do amanhecer para a magia com fogo, purificação, sair da rotina e fortalecer sua vontade e paixões.

O efeito desses momentos especiais pode ser aplicado em qualquer combinação. Por exemplo, você pode optar por trabalhar de madrugada quando a Lua estiver em Áries, ao amanhecer quando o Sol está em Áries, ou durante a regência do signo de Áries, quando a Lua está nessa posição. Ou pode combinar todos os três também. Cada agrupamento de período de tempo terá uma sensação distinta. Experimente e use seus instintos para descobrir como usá-los em seu trabalho.

## Lugares

Existem atividades, profissões, fenômenos e comportamentos que têm afinidades e conexões ressonantes com Áries e seu planeta regente. Essas atividades ocorrem nos locais que se adequam ou facilitam suas expressões. Há uma magia a ser reivindicada daqueles lugares que estão destinados para Áries ou ao seu planeta regente, Marte. Assim como seu mapa astral, o mundo ao seu redor contém as influências de todos os planetas e signos, mas em diferentes proporções e arranjos. Você sempre pode se estabelecer na energia de Áries ou de Marte, mas lugares e espaços têm energias que se acumulam e também podem ser aproveitadas. Os lugares contêm os ambientes físico, emocional e espiritual que são criados pelas ações dos objetos materiais, plantas, animais e pessoas que ocupam esses espaços. Algumas das interações entre essas coisas pode gerar ou concentrar as energias e padrões que podem ser usados pelas Bruxas de Áries.

Se você consultar os livros tradicionais de Astrologia, encontrará listas de locais atribuídos a Áries e Marte que incluem localizações como:

- Instalações desportivas e ginásios
- Bases militares, delegacias de polícia e campos de batalha
- Paisagens com terreno acidentado ou lugares áridos

Esses lugares estão muito claramente ligados aos temas associados com Áries e Marte. Com um pouco de *brainstorming* e livre associação, você encontrará muitos outros locais menos óbvios e situações em que pode recorrer a esse poder. Por exemplo, uma música bem enérgica e agressiva em um show produz uma corrente com a qual você pode se conectar. Qualquer atividade competitiva, seja ela um torneio de xadrez, uma competição de dança ou um jogo em um aplicativo, pode se tornar uma fonte de poder para uma Bruxa de Áries. Todos os implementos ou ações que cortam, perfuram ou fendem estão correlacionados com Marte, então, um arado cortando o solo, um artesão esculpindo madeira, um cirurgião no trabalho, pessoas tendo um debate acalorado e muitas outras configurações também podem ser uma fonte de energia.

Embora certamente seja possível identificar lugares onde a energia de Áries e/ou Marte está presente em abundância para fazer trabalhos, você também pode encontrar essas energias em muitas outras situações. Não se limite à ideia de que os lugares devem ser aqueles que têm um vínculo formalizado com Áries. Fique atenta para temas e atividades de Áries ou Marte onde quer que você esteja. Lembre-se de que as pessoas que pensam, sentem ou participam de atividades relacionadas ao seu signo e planeta regente estão aumentando o seu poder. Se você conseguir identificar um local que ressoa com o seu signo solar ou planeta regente, poderá mais facilmente convocar o poder e colocá-lo em uso. Você completa o circuito de se engajar no fluxo com sua visualização, intenções e ações.

## Plantas

Áries é ardente, ativo, afiado e sua cor é cada um dos tons de vermelho. Marte se encaixa nisso, mas também mantém um foco no fluxo sanguíneo, no calor e nas qualidades que causam ou aliviam a inflamação. Ervas, resinas, óleos, frutas, vegetais, madeiras e flores que exibem fortemente uma ou mais dessas qualidades podem ser invocadas para auxiliar sua magia. Aqui estão alguns exemplos:

- Caiena ou outras pimentas, porque produzem calor, são picantes e geralmente são vermelhas.
- Gengibre, porque aquece o corpo, ajuda o fluxo sanguíneo e atiça o fogo da digestão.
- Resina sangue de dragão em incenso, devido a sua cor vermelha e a intensidade de sua energia.
- Café e guaraná, porque estimulam o movimento e fazem o sangue disparar.
- Arruda e outras ervas de limpeza ou antimicrobianas, porque elas têm uma natureza guerreira.

Uma vez que entenda a razão para fazer essas atribuições, as listas de correspondências farão mais sentido. Outra coisa a considerar é que cada parte de uma planta pode ressoar mais fortemente com um elemento, um planeta e um signo diferente. Os espinhos e as partes espinhosas de uma planta podem estar relacionados a Áries e a Marte, enquanto outras partes da planta pertencem a outra combinação de influências celestes. Uma rosa vermelha espinhosa está tão ligada a Áries e Marte como a Touro e Vênus. Quais passos energéticos tomar diante disso dependem de seu chamado e do seu desejo. O chamado é um truísmo na Bruxaria. Quando usa sua natureza de Áries para fazer uma convocação, você é atendida pela parte ariana da planta.

Os materiais vegetais podem assumir a forma de incensos, óleos de unção, retábulos, poções, banhos, instrumentos mágicos, alimentos, arranjos de flores e assim por diante. A mera presença da planta com o material vinculado a Áries ou Marte será útil para você. No entanto, para obter o máximo benefício da energia vegetal, é necessário se envolver ativamente com ela. Empurre um pouco de sua energia para a planta e, em seguida, puxe-a para iniciar o fluxo. Embora muito do material vegetal com o qual trabalha possa estar seco ou preservado, ele mantém uma conexão com os membros vivos de sua espécie. Você também pode estender a mão e tentar comungar com o espírito, a alma de grupo das plantas, para solicitar sua assistência ou orientação. Isso despertará o poder adormecido nos materiais vegetais secos ou preservados. Passar um tempo com plantas vivas, seja em casa, no seu quintal ou em um jardim público, fortalecerá sua conexão com o fogo verde de Áries.

## Cristais e Pedras

Antes de nos aprofundarmos neste tópico, vamos esclarecer algumas das confusões em torno das pedras para os signos do zodíaco. Existem muitas listas variadas de pedras do mês de nascimento. Também esteja ciente de que algumas estão relacionadas com o mês do calendário em vez dos signos zodiacais. Existem listas tradicionais, mas as listas mais comumente disponíveis para as pedras do mês de nascimento foram criadas por joalheiros para vender mais joias. Também tenha cuidado com a palavra "tradicional". Alguns joalheiros se referem às antigas listas compiladas por outros aurífices como "tradicionais". Listas elaboradas por praticantes de magia também podem divergir devido às variações culturais e à disponibilidade de diferentes pedras nos horários e locais em que foram compiladas. Se você já tem uma forte ligação com uma pedra de seu mês de nascimento e descobre que ela não está realmente conectada com a energia do seu signo, mantenha-se usando-a. Sua conexão é a prova do valor que ela tem para você em termos de movimento, conservação e mudança de energia, esteja ela ou não especificamente sintonizada com Áries.

Estas são minhas atribuições preferidas das pedras do mês de nascimento para os signos do zodíaco:

| | |
|---|---|
| Áries | jaspe-sanguíneo, cornalina, diamante |
| Touro | quartzo-rosa, âmbar, safira |
| Gêmeos | ágata, olho de tigre, citrino |
| Câncer | pedra da lua, pérola, esmeralda |
| Leão | heliodoro, peridoto, ônix-preta |
| Virgem | aventurina-verde, ágata-musgo, zircônia |
| Libra | jade, lápis-lazúli, labradorita |
| Escorpião | obsidiana, berilo incolor, nuumita |
| Sagitário | turquesa, topázio-azul, iolita |
| Capricórnio | turmalina-negra, howlita, rubi |
| Aquário | ametista, sugilita, granada |
| Peixes | ametrina, quartzo-fumê, água-marinha |

Existem muitas outras possibilidades que funcionam bem também. Sugiro que encontre o que melhor se adapta a você como indivíduo. Incluí todos os doze signos caso queira usar as pedras para o seu signo lunar ou ascendente. Experimentação prática é a melhor abordagem, então sugiro visitar lojas de cristais ou esotéricas e exposições de rochas e minerais quando possível. Aqui estão algumas informações sobre as três que eu prefiro para Áries:

### *Jaspe-sanguíneo*

O jaspe-sanguíneo encoraja a persistência, dando clareza de direção; aumenta a vitalidade física e espiritual e ajuda a remover bloqueios em sua energia. O jaspe auxilia a acalmar a impaciência e a irritação ao lidar com situações inesperadas ou pessoas problemáticas e a limpar o sangue, promovendo liberação de toxinas ou energias tóxicas. Isso ajuda a restaurar sua coragem e autoconfiança quando se esforça demais. Este cristal também atua como uma ponte para conectar você com as energias de outros cristais, pessoas, plantas e espíritos. Isso é útil em vários tipos de trabalhos. Também pode tornar mais fácil ancorar ou liberar o excesso de energia, aterrando você no fluxo maior da vida ao seu redor.

### *Cornalina*

A cornalina aumenta sua capacidade de assumir o poder. Isso também ajuda a estabilizar suas emoções e protege você de alguns perigos que é trabalhar no ou logo acima dos limites de sua capacidade.

Em menor grau, também ajuda a mantê-la com os pés no chão e a cabeça limpa enquanto está trabalhando. Uma única pedra grande é mais eficaz do que várias pedras pequenas. Quanto mais brilhante a cor, mais forte é o impacto da cornalina para este propósito. Não precisa estar em contato com a pele para ser eficaz. No entanto, não deve estar a mais do que a largura de uma mão de distância de sua pele para estar perto o suficiente para funcionar bem.

***Diamante***

Os diamantes quase não entraram na minha lista, porque sua mineração está historicamente ligada a graves violações dos direitos humanos e desrespeito pela poluição causada por sua mineração. No entanto, existem muitos diamantes já em circulação que foram passados como herança de família, presentes e assim por diante, que é possível adquirir. Se quiser comprar um diamante, hoje existem minas que começaram a operar sob diretrizes que garantem um pagamento justo, um bom tratamento aos trabalhadores e o respeito pelo meio ambiente. Faça perguntas antes de comprar diamantes.

Então, por que os diamantes recebem todo esse interesse? Diamantes são feitos de carbono, o elemento que ancora toda a vida na Terra. Trata-se do material natural mais duro existente e o cristal que melhor conduz o calor. Este cristal pode focar e canalizar uma quantidade notável de energia sem resistência e pode amplificar tudo o que é enviado para ele.

Os diamantes podem ser usados para fortalecer escudos e proteções. Eles lembram de que seu âmago é invencível.

A intuição e a orientação espiritual desempenham importante papel na criação de correlações e, no caso do conhecimento tradicional, na experiência coletiva de muitas gerações de praticantes. Nela também está a razão sobre como essas atribuições são feitas. Entender esse processo ajudará a escolher melhor. Além das pedras correlacionadas a Áries, cristais que são o oposto dos temas associados também são úteis. Nesses casos, a lógica é fornecer um contrapeso ou suavizar as características de uma manifestação excessiva de Áries ou Marte. Aqui estão alguns exemplos desse raciocínio (a maioria dos cristais vermelhos têm um alinhamento com Áries e Marte):

- O metal atribuído a Áries é o ferro. Consequentemente, os cristais que possuem quantidades significativas de ferro, como hematita, pirita e tigre de ferro, estão correlacionados.
- Cristais cuja tradição e usos estão relacionados às ações ou tópicos de Áries ou de Marte, como vitalidade física e confiança, são recomendados para Áries, como a pedra do sol, o citrino e o jaspe-vermelho.
- A ametista ou a sodalita aparecem em listas de cristais para Áries, porque ajudam a acalmar comportamentos impulsivos e a agitação muitas vezes superacalorada.

Os cristais sugeridos para Libra, seu signo oposto, também são úteis para manter o seu equilíbrio, tal como jade, lápis-lazúli e labradorita.

## Objetos Rituais e a Bruxa de Áries

Um número substancial de Tradições e Escolas de Bruxaria usa Instrumentos Mágicos que são consagrados para representar e manter o poder dos elementos. Muitas vezes, nesses sistemas há um Instrumento principal para cada um dos elementos. Alguns correlacionam o Fogo ao cajado, outros à espada, e todos trabalham dentro de seu próprio contexto. Encontre e siga o que funciona melhor para você.

Instrumentos Mágicos e objetos rituais são tipicamente limpos, consagrados e energizados antes de serem utilizados. Além disso, ao seguir qualquer procedimento que você possa ter para preparar seus Instrumentos, adicione mais uma etapa para incorporar sua energia e identidade como uma Bruxa de Áries. Isso é especialmente produtivo para instrumentos e objetos mágicos rituais que estão conectados ao elemento Fogo ou são usados para trabalhos de proteção ou para estabelecer limites. Ao adicionar a energia e os padrões de Áries na preparação de seus Instrumentos, você achará mais fácil aumentar, mover e moldar a energia com eles em seus trabalhos.

Existem muitos Instrumentos Mágicos e objetos rituais que não precisam ter elementos específicos. Esses Instrumentos em particular se beneficiam de serem preenchidos com a energia de Áries para torná-los mais responsivos às suas intenções.

## Uma Prática de Energização

Quando você conscientemente direciona sua energia de Bruxa de Áries para seus Instrumentos Mágicos, eles se ajustam mais próximos à sua aura. Aqui está um método rápido para energizar qualquer instrumento com sua energia de Touro.

1. Coloque o instrumento à sua frente sobre uma mesa ou altar.
2. Respire profundamente, visualizando-se inalando uma energia de cor vermelha e então diga "Áries" ao expirar. Repita isso por três vezes.
3. Com um dedo, trace o formato de suas sobrancelhas em seu rosto. Em seguida, trace uma linha a partir da ponte até a ponta do nariz. Você acabou de traçar o glifo para Áries.
4. Usando o mesmo dedo, trace o glifo de Áries sobre o instrumento que está. Visualize o glifo sendo absorvido pelo instrumento enquanto você repete o processo.

5. Pegue o instrumento e respire profundamente enquanto imagina a energia vermelha em sua mente. Em seguida, sopre essa energia potencializada sobre o instrumento.
6. Diga ***Blessed Be***[2] e prossiga utilizando o instrumento ou guarde-o.

Espero que esta prática de energização inspire e incentive você a experimentar. Desenvolva o hábito de usar o nome "Áries" como palavra de poder. Use o glifo de Áries para invocar poder e as cores avermelhadas deste signo para visualizar seu fluxo. Fique à vontade para usá-los espontaneamente.

Seja com um pêndulo, um bastão, um cristal, um cálice, uma túnica ritual ou qualquer outra coisa que capte sua imaginação, esses métodos simples podem ter um grande impacto. A energia de Áries que você imprime em objetos rapidamente ascenderá e atenderá o seu clamor.

2. N.T.: *Blessed Be* significa "Abençoado Seja" e é uma saudação comum entre os Bruxos para finalizar suas invocações e orações.

# Feitiço para Terminar o Que Começou

*Por Jack Chanek*

Áries é famoso por nossa paixão e vontades indomáveis. No entanto, as pessoas nascidas com o Sol em Áries às vezes lutam para seguir em frente em nossas tarefas. É fácil ser pego na emoção de algo novo e deixar velhos projetos cair à beira do caminho, entrando, assim, em um ciclo de começar as coisas e nunca as terminar. Este feitiço se baseia no simbolismo do Dois de Paus do baralho de Tarô, que está associado a Áries e representa a vontade, o planejamento e o estabelecimento de metas. Com o auxílio mágico do Dois de Paus, você pode se ater a um projeto e certificar-se de ficar com ele pelo tempo suficiente para completá-lo.

***Você vai precisar de:***

- Uma carta Dois de Paus do seu baralho de Tarô favorito
- Duas cavilhas de madeira, de aproximadamente 30 cm
- Uma fita vermelha de 30 cm feita de algodão, seda, ou outro material natural
- Incenso sangue de dragão
- Uma caneta

***Instruções:***

Coloque o Dois de Paus virado para cima no centro do espaço de sua área de trabalho. Acenda o incenso. Tire um tempo para meditar e encontrar sua concentração, então declare o propósito do feitiço:

*A vontade da Bruxa é a maior ferramenta de todas.*
*Hoje, dirijo minha vontade para (seu objetivo).*
*Declaro que o verei feito*
*e nada me desviará do meu propósito.*
*Testemunhem, grandes poderes de magia, pois o que eu quiser fazer, eu farei!*

Use a caneta para escrever seu objetivo em um lado da fita. Em seguida, cruze as cavilhas umas sobre as outras. Enrole a fita ao redor das cavilhas várias vezes no ponto onde elas se cruzam, unindo-as em forma de X. Ao fazer isso, repita o seguinte canto:

*O X marca o lugar! O alvo está feito e definido.*
*Eu puxo meu arco e solto minha vontade; a flecha voa certeira.*
*Para obter o que pode ser obtido, juro esforço e suor.*
*Não desistirei nem recuarei até ter feito o que devo fazer.*

Dê um nó na fita para prendê-la. Continue entoando o canto enquanto você passa o X pela fumaça do incenso, perfumando-o bem.

Quando terminar de aromatizar seu talismã, coloque-o no centro de seu espaço de trabalho, em cima do Dois de Paus. Declare a conclusão do feitiço:

*Assim seja!*

Coloque o talismã em seu escritório, em seu altar ou em algum lugar onde possa vê-lo todos os dias. Mantenha-o lá até terminar o que se propôs a fazer. Em seguida, descarte-o ritualmente, queimando-o numa lareira ou noutro fogo controlado. Conforme coloca no fogo, diga:

*Grandes poderes de magia, prestem atenção!*
*A flecha encontrou seu alvo.*
*Eu trabalhei minha vontade e terminei minha tarefa,*
*agora coloco este encanto para descansar.*

# CORRESPONDÊNCIAS HERBAIS

♈

Todos esses materiais vegetais têm uma conexão especial à sua energia como uma Bruxa de Áries, oferecendo um bom ponto de partida para suas práticas.

| Ervas | |
|---|---|
| **Tabaco** | Ideal para oferecer aos espíritos; para ajudar a vencer um conflito; para concentrar energia. |
| **Estragão** | Bom para bravura; para dissipar energia negativa; para construir confiança. |
| **Pimenta-caiena** | Ideal para acelerar feitiços; criar áreas e limites; liberar conexões. |

## Flores

| | |
|---|---|
| Gerânio Vermelho | Alerta sobre problemas; limpa auras; traz boa sorte. |
| Papoula Vermelha | Para trabalhar com os mortos; aliviar dores de cabeça; acalmar auras sobrecarregadas. |
| Madressilva | Desobstrui dons psíquicos; promove a positividade; reduz a raiva. |

## Incensos e Fragrâncias

| | |
|---|---|
| Olíbano | Eleva a consciência; purifica espaços; melhora a concentração. |
| Cravo-da--índia | Ajuda a encontrar coisas; estimula os sentidos; dissipa ilusões. |
| Sangue de dragão | É um amplificador do poder; ideal para viagem astral; extrai energia do fogo. |

ÁRIES
ÁRIES
ÁRIES
ÁRIES
ÁRIES
ÁRIES

# LIMPEZA E PROTEÇÃO

Diotima Mantineia

Uma Bruxa de Áries enfrenta a vida bravamente. Envolvemo-nos entusiasticamente com os outros em brincadeiras, parcerias ou conflitos. Isso nos deixa abertas para nos envolvermos com energias tóxicas que vêm em nosso caminho por acidente ou desígnio. Então, é importante para nós mantermos um trabalho regular de limpeza e proteção!

Aprendi isso da maneira mais difícil, nos anos de 1990, quando possuía uma pequena loja de livros/suprimentos mágicos e era muito aberta sobre ser uma Bruxa. Isso foi durante o tempo do "Pânico Satânico", e a maioria de nós estava no armário com a porta trancada.

Os juramentos de sigilo do Coven eram levados muito a sério, porque os empregos das pessoas e a custódia de seus filhos estavam em risco se corresse a notícia de que elas eram Bruxas.

Mas eu não tinha filhos e era minha própria chefe, então pensei que poderia fazer minha parte para educar o público. Ao longo dos anos, com reportagens sobre o Halloween nos jornais locais, fiz uma curta passagem como Bruxa Oficial em uma estação de rádio alternativa (fazia uma curta leitura de Tarô no ar para pessoas que ligavam enquanto estavam paradas no trânsito), além de alguns rituais coletivos. Com isso, minha loja e eu nos tornamos alvos de muita energia negativa de grupos de oração e outras pessoas que tinham medo ou inveja.

Felizmente, eu tinha muitos livros, excelentes professores e uma comunidade mágica solidária, então aprendi rapidamente como detectar a energia negativa que vinha em meu caminho, além de uma maneira de manter a mim e a minha loja limpa e protegida. Ao longo dos anos, continuei a estudar e a aprender diferentes formas de limpeza e blindagem – a magia sempre me fascinou.

Aqui estão alguns métodos de limpeza e proteção que descobri serem particularmente úteis e em sintonia com minha natureza de Áries.

## Limpeza

Vamos começar com a limpeza, algo que devemos fazer com frequência, porque é difícil estar no mundo e não captar algumas energias esquisitas.

A resposta instintiva de Áries a um ataque é contra-atacar. Não temos medo de uma luta e os ataques são bastante fáceis de discernir, incluindo os mágicos/energéticos. Mas ataques realmente mágicos são relativamente raros. É o constante gotejar, gotejar, gotejar de negatividade que gruda em nós e pouco a pouco nos arrasta para baixo.

Uma vez, um homem entrou em minha loja em um dia chuvoso e em vez de deixar seu guarda-chuva pingando na porta, ele o carregou enquanto olhava as prateleiras. Eu o confrontei sobre isso (da forma mais diplomática que uma ariana irritada pode fazer), e ele foi bastante apologético. Ele estava simplesmente inconsciente do fato de que estava fazendo uma trilha de água e colocando em perigo outras pessoas que pudessem escorregar nela.

Percebi, enquanto limpava as poças atrás dele, que isso era exatamente o que as pessoas costumam fazer em um nível energético. Embebido em pensamentos e emoções tóxicos, as pessoas inconscientemente deixam um rastro atrás delas onde quer que vão. Então, igualmente inconsciente, pessoas desprotegidas podem absorver o miasma nocivo à medida que se vão.

## Ritual de Limpeza Semanal

É por isso que tento fazer um banho ou ducha de limpeza mágica pelo menos uma vez por semana. Aqui está um simples método que não levará muito tempo.

Primeiro, certifique-se de que seu banheiro esteja limpo e organizado. Em seguida, em sua cozinha, reúna o material necessário.

***Você vai precisar de:***

- Um jarro de um litro e meio
- Uma panela pequena
- Um punhado de sal
- Duas ou três das seguintes ervas (um punhado pequeno se estiverem secas ou cerca de duas vezes essa medida se estiverem frescas): alecrim, erva-cidreira, lavanda, salsa, sálvia de jardim, casca de limão, hissopo (*Hyssopus officinalis*), hissopo de anis (*Agastache foeniculum*)

Encha a jarra com água. Mantenha as mãos sobre a água (existem centros de energia em suas mãos) e diga:

*A água é uma bênção para todos na Terra e eu sou grata.*

*Carrego esta água para o meu propósito*
*Para me limpar de todas as energias negativas ou desarmônicas*
*Leve-as embora para serem transformadas.*

Despeje cerca de três xícaras de água na panela e reserve. Pegue o sal e coloque na palma da sua mão. Cubra com a outra mão e diga:

*Sal da Terra, dou graças pelo dom de sua presença e bênçãos.*
*Eu invoco seus poderes de limpeza para extrair e neutralizar quaisquer energias negativas ou desarmônicas que se ligaram a mim. Leve-as embora para serem transformadas.*

Despeje o sal na água dentro do jarro e mexa no sentido horário com a mão dominante até que esteja dissolvido. Coloque a panela no fogão e leve a água para ferver, em seguida, baixe o fogo.

Uma a uma, pegue cada uma das ervas na palma da sua mão e diga:

*Espírito de* (nome da erva), *eu agradeço o dom de sua presença e bênçãos.*
*Eu invoco seus poderes de cura para me purificar de quaisquer energias negativas ou desarmônicas que se apegaram a mim.*

Coloque as ervas na água fervente, desligue o fogo e deixe-as em infusão. À medida que elas estiverem embebidas, concentre-se em sua intenção de se limpar. Olhe fixamente para as ervas embebidas e deixe seus olhos imbuir a água com a sua intenção. Após cerca de cinco ou dez minutos, coe as ervas e despeje o chá no jarro.

Tome um banho e lave-se como faria normalmente. Em seguida, desligue o chuveiro e, lentamente, despeje a água do jarro sobre sua cabeça e deixe-a escorrer pelo seu corpo. Visualize toda a negatividade sendo lavada. Alternativamente, você pode fazer esse banho em uma banheira, despejando a água nela e mergulhando no banho. Certifique-se de mergulhar a cabeça algumas vezes. Enxágue rapidamente, seque-se e vista-se. É hora de fazer algum trabalho de proteção!

## Blindagem

Outra ferramenta importante para uma Bruxa de Áries é um pequeno feitiço diário de proteção. Áries é impaciente. Queremos continuar com nosso dia. Então, curto e eficaz é o caminho certo a percorrer. Eu desenvolvi um pequeno ritual para mim que vou compartilhar a seguir.

Antes de entrar nas instruções, deixe-me lembrá-la de algo que provavelmente você aprendeu na aula de biologia do ensino médio. Cada uma das células do nosso corpo é cercada por aquilo que chamamos de "membrana semipermeável". Essas membranas atuam como um tipo de filtro. Elas deixam entrar moléculas que a célula precisa enquanto mantém outras moléculas fora. Também funciona na direção oposta – mantém a célula unida e tudo o que ela precisa dentro dela, e ainda permitem que as moléculas residuais sejam filtradas para fora da célula.

Você vai querer visualizar algo semelhante em torno de seu corpo inteiro – uma barreira transparente que deixa entrar as energias que precisa e deseja para que possa ficar conectada e ciente de seu ambiente, mas que bloqueia quaisquer energias nocivas.

### Ritual Rápido de Blindagem

Este ritual envolve gestos, palavras ditas em voz alta e visualização (se não consegue visualizar, então concentre-se de alguma outra maneira em seus resultados pretendidos). Idealmente, você será capaz de fazer toda a rotina, incluindo os gestos e palavras faladas diariamente. Isso colocará o feitiço em seus corpos sutis para que, quando precisar ser discreta, possa simplesmente executar o feitiço em sua mente. Acredite, isso será bem eficaz.

Aqui está o que fazer.

- Fique de pé de frente para o Leste. Esteja ciente das quatro direções ao seu redor. Sinta a Terra sob seus pés e as estrelas acima de você.
- Respire fundo, levantando os braços acima da cabeça, palmas para cima (reunindo uma nova energia). Enquanto inspira, baixe os braços à sua frente, com os cotovelos dobrados e as palmas para baixo. Ao expirar, empurre para fora a energia velha e obsoleta. Repita mais duas vezes.
- Traga sua consciência totalmente para o presente. Sinta o que está vendo, ouvindo,

sentindo, cheirando e saboreando. Observe a sua respiração e deixe-a se mover para a sua barriga. Passe alguns momentos apenas prestando atenção à sua respiração, deixando-a atingir um ritmo natural.

- Visualize o Planeta abaixo de seus pés, com seu núcleo ardente. Sinta um cordão de energia vermelha estendendo-se da base da coluna até o núcleo do Planeta. Saiba que você é sustentado pelo próprio Planeta e pode extrair energia dele, bem como liberar energias que precisam ser transformadas em seu fogo central.
- Visualize as estrelas e o espaço infinito acima de você. Sinta um cordão de energia branca/prateada alcançando a partir da coroa de sua cabeça, conectando-a com a luz das estrelas que impregnam você com sua luz.
- Visualize o cordão de energia vermelha da Terra e o cordão de energia estelar branca/prateada entrelaçando-se dentro de seu corpo, energizando e empoderando você.
- Agora fale as seguintes palavras, usando os gestos indicados entre parênteses:

(Fique reto e em pé. Mantenha os pés ligeiramente afastados e os braços ao lado do corpo.)

*Estou aqui, neste tempo e neste lugar.*
*A Terra está abaixo de mim,*
*as estrelas acima de mim.*

(Levante os braços para os lados, na altura dos ombros, palmas para cima.)

*Ar, Fogo, Terra e Água me cercam.*

(Visualize cada um dos elementos em sua direção conforme os cita.)

*Estou enraizado na Terra.*

(Com os braços ainda estendidos, vire as palmas das mãos para baixo. Sinta os centros de energia em suas palmas conectando você com a Terra.)

*Eu alcanço através das Estrelas.*

(Palmas viradas para cima. Sinta a energia estelar entrando em suas palmas.)

*Eu entro no meu Centro.*

(Levante os braços acima da cabeça e junte as palmas das mãos. Traga suas mãos para a posição de oração na altura de seu coração. Mantenha seus pés juntos. Agora visualize os fluxos de luz da terra e do céu se entrelaçando ao longo de sua coluna e diga:)

***Dentro de mim, a terra e o céu se entrelaçam. Abençoado seja.***

(Com as palmas das mãos ainda juntas, levante as mãos sobre sua cabeça. Com as palmas voltadas para fora, deixe elas se curvarem ao seu redor, visualizando um ovo de energia brilhante em seu entorno. Esta energia é protetora, mas não um bloco ou um escudo. É sua própria membrana semipermeável que deixa entrar a energia que se harmoniza com a sua, mas mantém fora a negatividade)

Continue o seu dia, sabendo que está aterrada, energizada e protegida!

Bruxas mais experientes podem facilmente inventar seu próprio feitiço usando ferramentas e técnicas que fazem parte de sua Tradição ou prática. No entanto, recomendo que incorpore gestos, palavras faladas em voz alta e visualização. Lembre-se disso, essa rotina deve ser uma prática diária, você deve realmente realizá-la, não apenas pensar em realizá-la.

Limpeza e proteção nunca são uma coisa única e pronta. O mais certo é acompanhar as práticas diárias e semanais. A melhor maneira de limpar e proteger é modulando a nossa própria vibração pessoal para emitir uma energia que não permitirá quaisquer energias hostis, problemáticas ou simplesmente desarmônicas dirigidas a nós, enquanto permanecemos abertos a tudo o que queremos deixar entrar.

Eventualmente, a consciência das energias em nosso ambiente, limpeza e estabelecimentos de limites se tornam quase automáticos, uma parte de quem somos. Quanto mais fortes nos tornamos em nosso ofício, mais profunda é nossa conexão com nossos aliados espirituais e irradiamos ainda mais o poder que vem da integridade pessoal e de uma forte conexão com a realidade espiritual. O que irradiamos serve mais para banir a energia negativa do que aquilo que construímos ao nosso redor.

Pessoalmente, ainda não estou no lugar onde o que eu irradio é forte o suficiente para banir toda a negatividade – poucas pessoas são assim. Consequentemente, eu acompanho o trabalho básico do feitiço, sabendo que o trabalho que faço para limpar e proteger, permite-me construir minha força interior, poder mágico e conexão com o espírito. Isso é uma parte crucial do trabalho de uma Bruxa.

# Seja a Ariana Durona que Você Quer Ver no Mundo

*Por Crow Walker*

Olá, companheira de aventura do signo de Áries! Nós saímos por aí, não é? Lutamos sem medo pelo direito de ser quem realmente somos. Nosso impulso corajoso nos queima profundamente por dentro. Não paramos para pensar. Nós explodimos em ação. Devido a essa forte tendência de Áries, tornamo-nos um grande problema para quem procura nos impedir de expressar nossa verdadeira natureza. Devido a essa característica feroz, às vezes também podemos nos encontrar em grandes apuros.

Esse é o custo de proverbialmente (ou literalmente) roubar o Fogo dos Deuses: trazer de volta não apenas a chama, mas as lições aprendidas. Como nativa de Áries, sou igualmente legal servindo como exemplo do que fazer – ou do que não fazer. Mas de qualquer maneira, eu quero mudar as chances a meu favor. A questão é, como? Eu recomendo usar este feitiço de aterramento.

Eu sei. A quietude do aterramento parece ser o arqui-inimigo de Áries. Mas e se não for? Existem tantos métodos como o número de estrelas no céu sobre misturar nossa energia com a da Terra para deixar de lado as preocupações e frustrações do dia a dia, para se fazer presente no momento. Tudo isso tem o seu lugar, mas este feitiço de aterramento fala ao coração de Áries. Porque não estamos apenas lutando por nós.

***Você vai precisar de:***

- Um espelho

***Instruções:***

Sente-se em uma posição confortável, certificando-se de que pode ver seu reflexo no espelho. Suavize seu olhar enquanto olha sua reflexão.

Respire profundamente, enchendo seus pulmões para que sua barriga suba com cada inalação. Em cada respiração, permita que seu olhar siga suavizando. Convide seu coração a brilhar com o poder da sua Magia de Áries e diga o encantamento a seguir, com o brilho dentro de você crescendo mais intensamente com cada palavra.

> *Eu invoco o brilhante Sol do meu signo de nascimento*
> *para iluminar a luz do coração da minha Magia de*
> *Áries:* EU SOU.
> *Eu invoco o brilhante Sol da minha Magia de Áries*
> *para brilhar sua luz sobre os fios de magia que me*
> *conectam com outros:* NÓS SOMOS.

Observe que fios de luz aparecem ao redor de seu reflexo. Eles são a manifestação mágica de suas conexões com seus ancestrais de sangue e espírito, outros humanos viventes, rios e árvores, solos e pedras.

Esta é a teia da vida da qual todos nós fazemos parte. É a teia da vida que precisa de cada um de nós e de nossas expressões únicas de quem somos.

Sinta esta verdade essencial alimentando o poder de Áries em seu coração e ancorando você aqui e agora. Diga:

*Que minhas ações honrem e sirvam à minha verdade*
*e a teia de conexão.*
*Que meu Fogo de Áries ilumine o caminho para todos.*
*Abençoado seja!*

Agora, seja a ariana durona que você quer ver no mundo!

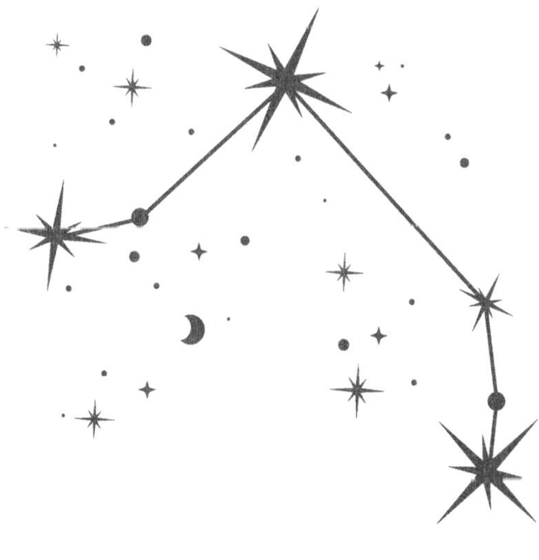

ÁRIES
ÁRIES
ÁRIES
ÁRIES
ÁRIES
ÁRIES
ÁRIES

# O QUE TIRA UMA PESSOA DE ÁRIES DO SÉRIO, E COMO ACALMÁ-LA

Diotima Mantineia

Não é difícil irritar uma ariana. Na maioria das vezes, é apenas uma breve tempestade – não ficamos chateadas com coisas pequenas. Mas uma vez que decidimos que algo é "definitivamente um problema", você verá as nuvens de tempestade se acumulando sempre que esse problema chamar a nossa atenção.

Signos diferentes têm maneiras diferentes de reagir a eventos ou palavras que cruzam seus limites éticos ou emocionais. Os taurinos podem bater os calcanhares ou berrar alto e começar a pisar duro como o proverbial touro em uma loja de louças. É provável que os cancerianos se retraiam em suas conchas (modo de proteção) ou fujam (modo de evitação). Mas a reação mais comum de uma ariana quando um limite importante delas é violado, é bater de frente com quem ou com o que quer que seja que as tenha desencadeado e, em seguida, deixar todos dentro da distância de um grito saberem o quão zangadas elas estão. Tendemos a atacar primeiro e fazer perguntas depois.

Eu costumava pensar que a raiva era algo que precisava ser reprimido, até que percebi que a raiva reprimida não vai embora. Inevitavelmente, ela surge de forma descontrolada em explosão prejudicial, ou ela apodrece dentro de você. De qualquer forma, acaba atrapalhando seu estado mental, seus relacionamentos e sua saúde física. Nós, arianas, precisamos encontrar maneiras de gerenciar e liberar a raiva, em vez de reprimi-la.

## Identifique os Gatilhos

O primeiro passo para usar sua raiva em vez de se deixar ser enganada por ela é identificar o que a desencadeia e por quê. Reconheça a raiva quando ela surgir e esclareça o que exatamente está provocando esse sentimento. Às vezes, a fonte de nossa raiva não é óbvia até que tenhamos refletido um pouco sobre ela. Sim, talvez você não possa fazer isso no momento de raiva, mas quando se acalmar, reserve um tempo para identificar o que desperta sua raiva e qual a razão.

Embora existam muitas coisas que atraem minha ira de Áries, descuido e ignorância deliberada em relação à saúde do meio ambiente é um grande problema para mim, especialmente quando é perpetrado por aqueles que professam amar a natureza e manter a Terra sagrada. Por exemplo, não gosto de velas elétricas descartáveis. Sua luz não é o fogo mágico de uma chama; isso é envolto em uma bateria poluente e não recarregável, cercada por plástico. É apenas mais lixo plástico que acaba em um aterro sanitário. A própria existência delas me irrita. Mas muitos dos meus amigos as usam, as pessoas que conheço se preocupam com o meio ambiente e tentam minimizar seus impactos ambientais de outras maneiras. Posso dizer algo a elas sobre isso, mas não posso ficar com raiva delas, principalmente quando sei que estou culpando a mim mesma.

Então, quando vejo velas elétricas, respiro fundo e direciono minha ira para onde ela pertence – não para indivíduos, mas para uma sociedade que é estruturada desde o início a impensadamente consumir recursos não renováveis e dificultar a vida do indivíduo comum de forma ambientalmente sustentável.

Infelizmente, ficar com raiva de toda a civilização moderna não faz nada além de inundar meu corpo com hormônios do estresse. Embora eu possa redirecionar minha raiva para um alvo diferente, aquilo ainda está mexendo comigo. Eu ainda estou com raiva e preciso de uma maneira de soltá-la.

## Usando a Raiva para Fazer Feitiços

Eventualmente, aprendi a usar minha raiva como uma bandeira vermelha. Uma vez que a bandeira aparece, eu sei que preciso me afastar da minha reação emocional imediata, deslocar essa energia e direcioná-la para um feitiço. Isso tira a energia de mim e eu faço bom uso dela.

O foco do feitiço é mudar aquilo que irrita, corrigindo o erro. O que você faz e como faz vai depender da sua Tradição e treinamento. (Se ainda tiver pouco esclarecimento sobre treinamento e trabalho mágico, uma oração a uma divindade ou espírito auxiliar vai bem.) Conforme pratica, vai descobrir que é possível liberar sua raiva no feitiço. E então essa raiva não é mais parte de você. Foi queimada como gasolina para alimentar o motor do seu feitiço.

Aqui está um exemplo. O meu vizinho é um agricultor de maçãs numa escala muito grande. Ele colhe dezenas de milhares de alqueires por ano. As macieiras estendem-se por toda a montanha e desde a minha casa até a estrada, e eu sei que ele tem terras em outro lugar também. Ele as cultiva convencionalmente. Para mim, isso é um problema. Como animista, considero os métodos agrícolas modernos altamente problemáticos. Mas sou bem-educada nas realidades agrícolas e sei que não há nada que eu possa fazer ou dizer que o convença a mudar de atitude. Seria difícil, caro e arriscado mudar sua operação para métodos orgânicos. Não posso culpá-lo. Ele e sua esposa são bons vizinhos, pessoas legais e fazem o melhor que podem.

Então, quando ouço o trator passando pelas árvores, seguindo o grande cilindro que pulveriza enormes arcos de pesticidas de ambos os lados, eu levo minha raiva para minhas divindades, para o espíritos da terra, e peço-lhes para me ajudar a transformá-la em ações que eu possa tomar que ajudará a curar e fortalecer a teia da vida aqui na minha própria terra. E eles o fazem. Algumas dessas ações são práticas, algumas delas são mágicas, mas a ação transforma minha raiva.

Esta é uma lição importante que aprendi sobre como lidar com a raiva que tão rapidamente vem à tona da minha alma ariana. Descobri que, como a maioria dos arianos, minha raiva se origina principalmente de um forte senso de justiça, do que é certo e do que está errado – pelo menos aos meus olhos. O que me levou a entender que a raiva é uma emoção útil se for reconhecida e processada rapidamente. Mas se a raiva for mantida perto, nutrida e alimentada, ela se transformará em algo tóxico.

Eu tomo as pequenas ações que posso, amplificadas por minha intenção mágica e foco. Então, quando me sento do lado de fora em uma noite de abril, observando os arcos graciosos do pulverizador iluminados pelas luzes da Lua e do trator, posso apreciar aquela beleza e estar totalmente presente no momento, em vez de me consumir em uma raiva justa, mas impotente.

Você deve estar se perguntando por que ele está pulverizando à noite. Isso é porque em abril, as árvores estão em flor e as abelhas que ele precisa para polinizar sua plantação não voam à noite, então elas não serão atingidas pelo spray mortal. Ao longo das últimas décadas tem havido um aumento da consciência dos limites da natureza e o efeito de nossos procedimentos agrícolas no ecossistema mais amplo. Eu fico confortável com isso e, na minha convicção de que mudaremos nossos caminhos, acredito que vamos aprender a viver e a cultivar de forma sustentável. Algo que eu posso contemplar em meu agora pacífico estado de espírito.

Isso não quer dizer que não falarei com as pessoas se eu acreditar que possa trazer algum bem. Outra coisa que me dá nos nervos (e pode-se dizer que Áries só tem um) é o uso de isopor, particularmente em reuniões Pagãs.

Eu me tornei impopular por algumas vezes perguntar aos companheiros de acampamento em reuniões, se a Terra e sua teia da vida são uma parte fundamental de sua prática espiritual e/ou mágica. A resposta quase sempre era um entusiástico sim! Então gostaria de salientar que seria necessário apenas um pequeno esforço, e talvez mais alguns dólares, para pelo menos comprar utensílios compostáveis de mesa, feitos com materiais reciclados, em vez de usar algo que foi feito de um dos produtos manufaturados mais tóxicos da Terra, poluindo o próprio Planeta tão essencial para seu trabalho espiritual.

Então, sim, essa informação nem sempre foi bem recebida. Ganhei um pouco mais de tato ao longo dos anos e aprendi a ter a certeza de que estou totalmente livre de qualquer raiva e irritação antes de falar. Eu me sinto melhor por pelo menos ter agido e dado a eles informações que talvez não tivessem, e algumas ideias para pensar.

Uma das ações que tomei pouco depois de me mudar para minha terra aqui na serra foi tornar-me apicultora. Abelhas são almas pacíficas, passando seus dias coletando néctar, cuidando das abelhas bebês e fazendo mel. Mas quando elas se sentem ameaçadas, reagem com algo que se parece muito com o que chamamos de "raiva". Os apicultores tentam evitar irritar as abelhas não porque têm medo de serem picados (uma boa abelha cuida bem disso), mas porque picar qualquer coisa mata uma abelha. O ferrão permanece em seu alvo, rasgando o corpo da abelha.

A raiva também pode ser fatal para os humanos. É uma emoção poderosa que afeta nosso corpo, bem como nossa mente. Deveria ser tratada com cuidado e respeito. Isso significa identificar e processar a raiva antes de agir. Todo signo tem lições para aprender. Gerenciar a raiva é uma das nossas.

Estamos programados para sentir raiva, irritação, antagonismo... todas aquelas emoções que significam "não". Somos um pouco sensíveis e rápidas para reagir a erros percebidos. Quando dizemos não, estamos dispostas a dar apoio com ação.

Também estamos programadas para ter coragem. Uma ariana vai correr, não andar, onde os anjos temem pisar. Queremos fazer a diferença, e nós podemos. Pessoas nascidas em Áries são lutadoras natas. E uma lutadora habilidosa aprende rapidamente que estratégia, pensamento e planejamento são essenciais para um resultado eficaz.

Quando a raiva surge em mim, aprendi a deixá-la apontar em direção a uma resposta ponderada, medida e direcionada adequadamente, em vez de uma reação imediata e instintiva. Quando sinto raiva, sei que algo está errado; algo precisa ser corrigido. Mas em vez de atacar, eu acho que posso, principalmente, recuar por um momento, identificar os problemas e planejar minha resposta. Então deixo a raiva escoar – ela fez seu trabalho. Eu tomo uma atitude. Eu faço o que precisa ser feito. Isso é o melhor de uma ariana.

ÁRIES
ÁRIES
ÁRIES
ÁRIES
ÁRIES
ÁRIES
ÁRIES

# UMA BREVE BIOGRAFIA DE MARGOT ADLER

* * *

Lilith Dorsey

Pessoas de Áries como eu são conhecidas por serem pioneiras, ferozes e formidáveis. Margot Adler (1946-2014) não foi uma exceção. De muitas maneiras, ela foi a primeira voz da Bruxaria que muitos de nós já ouvimos, seja através de seu incrível trabalho na WBAI e depois na NPR, ou em seu livro inovador *Drawing Down the Moon*, publicado pela primeira vez em 1979. Ela continuou a escrever mais títulos sobre temas que vão desde a revolução até vampiros.

O signo de Áries é conhecido por ser inovador, inteligente e agitado. Nesses aspectos, Margot era como a cidade de Nova York, o lugar que ela chamava de lar. Eu tinha orgulho de chamar Margot de amiga. Representada como a Alta Sacerdotisa no Tarô de Nova York criado por Giani Siri, ela era um ícone do poder feminino. Margot falava sobre o Sagrado Feminino de uma forma que muitos nunca tinham ouvido falar, não nesta vida. Áries é por definição Fogo, e tudo o que Margot Adler fazia era iluminado.

Algum dia, temo que todos vão esquecer... esquecer como era estar perto de Margot Adler, e de todos os meus amigos que cruzaram o véu. Eu conheço pessoas que se lembrarão dos livros, das palestras, das informações gravadas. Mas essas pessoas fizeram história, e meu coração está todo muito pesado.

Algo que eu apreciava demais em Margot Adler era que ela sabia das coisas. O Paganismo hoje é muitas vezes uma bobagem reconstituída, digo isso tanto como uma questão acadêmica quanto como membro desta comunidade há mais de três décadas. Felizmente, isto não era Margot Adler; ela tinha prazer em discutir quase todos os tópicos, certificando-se de que você também soubesse qual era a causa célebre dela no processo.

Pessoalmente, foi um privilégio sublime tê-la em meus rituais. Se for pensar bem, Margot foi uma das primeiras pessoas proeminentes na comunidade que veio, apoiou, dançou e juntou-se a nós para homenagear o panteão Voodoo de Nova Orleans. Margot Adler era uma visionária e a comunidade sempre sentirá sua perda. Como sua amiga, estou triste por não sermos mais capazes de sorrir e agitar nossas coisas juntas da mesma forma novamente. Continuarei celebrando sua memória e seu espírito; vou tentar o meu melhor para entender minhas coisas, procurando também saber sempre de onde elas vieram. Vou lembrar as pessoas que espírito alegre e aberto ela tinha e dançar um pouco mais para ela. Eu espero que você também faça isso.

## Alguns Ocultistas do Signo de Áries

ORION FOXWOOD
Vidente feérico e escritor
(11 de Abril de 1962)

---

LINDA GOODMAN
Astróloga e poeta
(9 de Abril de 1925)

---

RAVEN GRIMASSI
Elder da Bruxaria e escritor
(12 de Abril de 1951)

---

NIGEL G. PEARSON
Bruxo, fitoterapeuta e escritor
(31 de Março de 1961)

---

GEORGE PICKINGILL
Argúcio e Bruxo
(2 de Abril de 1816)

---

AMY ZERNER
Taróloga, artista e designer de moda
(23 de Março de 1951)

---

ÁRIES
ÁRIES
ÁRIES
ÁRIES
ÁRIES
ÁRIES
ÁRIES

# O BALANÇO DO SEU SIGNO LUNAR

Ivo Dominguez, Jr.

A Lua é o reservatório de suas emoções, pensamentos e todas as suas experiências. É ela que guia seu subconsciente, seu inconsciente e seu instinto de resposta no momento. A Lua serve como a autora, a narradora e a trilha sonora do filme em andamento na sua mente, que resume e mitifica sua história. É como um espelho de vidência, um poço sagrado que dá respostas para a pergunta sobre o sentido de sua vida.

O estilo e a perspectiva do seu signo lunar moldam sua história; uma história que começa como um reflexo do ímpeto do seu signo solar.

A lembrança dos eventos de sua vida é uma história subjetiva condensada, e é o seu signo lunar que resume e categoriza o fluxo de dados de sua vida.

Na Bruxaria, a Lua é nossa conexão e guia para as marés físicas e energéticas da natureza, o Plano Astral e outras realidades. A Lua nos céus, enquanto se move através de sinais e fases, também puxa e empurra sua aura.

Em seu mapa astral, a Lua revela as qualidades intrínsecas e padrões em sua aura que afetam a forma da sua magia. Seu signo solar pode ser a fonte de sua essência e poder, mas seu signo lunar mostra como você usa esse poder em sua magia. Este capítulo descreve os doze arranjos possíveis do signo lunar com um Sol em Áries e o que cada combinação produz.

♈

## Lua em Áries

Ter o Sol e a Lua em Áries é um chamado para ser mais autoconsciente e presente em sua vida. Ter a Lua no mesmo signo que o seu Sol significa que realmente não há uma segunda opinião a ser fornecida para moderar seus pensamentos e ações. Tanta movimentação e energia pode levá-la a grandes realizações ou deixá-la ricocheteando pela vida e errando o alvo.

É difícil para esta combinação ficar calma e quieta, e é fácil as emoções transbordarem e as faíscas voarem. Ter a Lua em Áries significa que precisa ficar centrada. Esta dupla combinação de Áries também significa que você é levada a responder e a reagir rapidamente. Em algumas configurações, isso é perfeito, em outras, vai levar a perdas e problemas.

Escolher o curso certo requer garantir que seu instinto esteja equilibrado com o seu pensamento. O tempo dedicado a pensar nas coisas através dos obstáculos irá poupar tempo e problemas no final.

Você pode ser uma força imparável da natureza quando está perseguindo seus sonhos e desejos. Às vezes, isso significa demolir obstáculos à custa de relacionamentos, e que será mais feliz se treinar para estar ciente e receptivo às necessidades e perspectivas de outras pessoas. Mire na afirmação, mas pelo menos tente alcançar a tolerância, e então, poderá cooperar e colaborar com os outros. A consideração e a gentileza que aprende a oferecer aos outros também irá ajudá-la quando estiver em desacordo consigo mesma. Sol e Lua em Áries pode ser uma das combinações mais positivas quando seu poder é manejado com compostura e sabedoria.

Uma Lua em Áries, como todas as Luas do elemento Fogo, facilmente se estende para se conectar com a energia de outros seres. As qualidades ígneas limpam e protegem sua aura de captar os detritos emocionais de outras pessoas ou de sofrer influência do seu ambiente. É relativamente fácil para você misturar sua energia com a dos outros e separá-la de forma limpa. No entanto, tenha cuidado para não gastar muita energia ou queimar a si mesma. Aprender a sentir seu fluxo e a moderar é essencial. O campo de energia e a magia de uma Lua em Áries tendem a se mover e mudar mais rapidamente do que qualquer outro signo, no entanto, é mais difícil manter uma tarefa ou forma específica. Isso pode ser superado com autoconsciência e prática.

♉

## Lua em Touro

Esta Lua terrestre não apaga aquele Fogo de Áries; em vez disso, dá a você um recipiente adequado. Uma Lua em Touro dá mais tenacidade, persistência e continuidade em suas ações. Esse arranjo vai ajudar você a ser mais atenciosa e diplomática, diminuindo a ousadia que muitos atribuem a Áries. Esta Lua a torna mais generosa e doadora de seu tempo para os outros.

Fica mais fácil trabalhar com pessoas e agir como uma líder. Você ainda é um Sol em Áries e propensa a seguir seu próprio conselho acima de qualquer outra coisa, mas se ouvir a sua Lua, certamente irá mais longe. Nas raras ocasiões em que se encontrar pensando demais nas coisas, sintonize-se com o instinto dos pés no chão de uma Lua em Touro para se desprender.

A Lua em Touro também ajuda a desacelerar o suficiente para que possa pensar um pouco antes de entrar em ação. Esta Lua encoraja a parar e cheirar as rosas e apreciar o mundo ao seu redor. Sua qualidade de vida como Áries é melhor quando contrabalançada pela sensualidade taurina. Na Astrologia, diz-se que a Lua é exaltada em Touro, o que favorece o sucesso e a boa sorte. Para uma ariana, isso significa um charme adicional para fazer do seu jeito, e se isso não funcionar, então será a resistência para uma longa luta. A influência taurina também fornece mais facilidade na compreensão das propriedades de coisas materiais, seja nas questões práticas dos negócios ou no melhor uso de um meio nas artes.

Uma Lua em Touro, como todas as Luas do elemento Terra, gera uma aura que é magnética e puxa a energia para dentro. Esta Lua também torna mais fácil criar escudos e proteções fortes. Se algo conseguir romper seus escudos ou criar qualquer outro tipo de lesão energética, vai obter alguma ajuda de cura, ou a recuperação pode demorar mais do que deveria. As auras de pessoas com Lua em Touro são excelentes para manter ou restaurar um padrão ou agir como um recipiente ou reservatório em um trabalho.

Geralmente, as pessoas com uma Lua em Touro têm menos flexibilidade em sua aura. Você pode trabalhar para melhorar sua flexibilidade, mas a solução rápida é criar novos limites ou um recipiente maior. A viagem astral e outras formas de viagem da alma são mais difíceis de começar com esse signo lunar. No entanto, uma vez em movimento, uma força mais forte e uma versão mais sólida de você viaja. Pelo menos isso é verdade para a maioria das Bruxas.

♊

## Lua em Gêmeos

O efeito mais notável da Lua em Gêmeos é que a energia de Áries irrompe como um fluxo de comunicação. Você manda mensagem, liga, sai nas redes sociais, na mídia e encontra maneiras de coletar e compartilhar informações e opiniões.

Às vezes, o entusiasmo de Áries fluindo pela Lua em Gêmeos pode ser demais e você ofende, antagoniza ou embaraça os outros ou a si mesma. Usada com cuidado e habilidade, esta é uma ótima combinação de Sol e Lua para comunicação e persuasão.

Você também pode contar histórias e piadas de uma forma que alivia a todos os problemas e promove empreendimentos ousados e aventureiros. Existe uma tendência para hiperatividade que vem com esta combinação.

Quando bloqueada, essa energia agitada é frequentemente transmutada em ansiedade. Sob essas circunstâncias, torna-se difícil ouvir críticas construtivas e pode se tornar um ciclo de feedback negativo. Enrole tudo e trace um caminho à frente para quebrar essa repetição.

Você é um camaleão, um metamorfo, e pode se encaixar ou se destacar, mudando sua mente e suas palavras em um instante. Isso não a torna falsa, inconstante ou inautêntica, quando usa este dom para o bem comum e para levar o mundo a uma direção voltada para o futuro. Áries gosta de avançar à velocidade máxima, mas a Lua em Gêmeos o torna ágil para que possa desviar e mudar de curso.

A chave para fazer esta combinação Sol-Lua funcionar é formar o hábito de se lembrar de seus objetivos para que possa voltar aos trilhos. Pergunte a si mesma por que está fazendo o que está fazendo e se isso leva a algum lugar útil. A Lua de Gêmeos, como todas as Luas do elemento Ar, facilita o envolvimento em viagens da alma e psiquismo e dá à aura maior flexibilidade. Você é um fogo de mercúrio que busca conexão, mas não uma fusão com outros seres e energias. Quando uma aura do tipo Ar estende a mão e toca em algo, pode rapidamente ler e copiar os padrões que encontrar. Uma Lua em Gêmeos dá a capacidade de se adaptar rapidamente e responder mudando as condições de energia na magia de trabalho ou usando os sentidos psíquicos.

No entanto, turbulentas atmosferas espirituais são fortemente sentidas e podem ser desconfortáveis ou causar danos. Um vento pode pegar e carregar poeira e detritos, isso também é verdade para uma aura. Se precisar limpar sua energia, fique calma e os detritos simplesmente cairão de sua aura.

♋

## Lua em Câncer

Esta Lua encoraja a nativa em Áries a se concentrar em suas emoções e assuntos do coração. Torna-a mais emotiva e sensível do que a maioria das outras arianas, podendo trazer o dom da empatia ou da mediunidade. Esta combinação se inclina para a introversão e uma vida interior ativa. Você pode não parecer tão ousada quanto algumas arianas, então pode não ser reconhecida pela potência que é. Pense nisso como uma camuflagem útil e lembre-se de que seu Sol e Lua estão em signos Cardinais.

Você pode usar sua motivação e intuição para navegar em situações complicadas enquanto permanece fiel a si mesma. Esse processo pode ser confuso, quanto mais cedo se sentir confortável em rir de suas próprias fraquezas, mais suave será sua vida.

A afinidade da ariana por ser uma guerreira é dirigida pela Lua em Câncer para proteger outros e assumir suas causas. A Lua em Câncer torna você mais fortemente devotada aos ideais de amizade, família de escolha e família de sangue.

Certifique-se de que as pessoas e causas que escolhe defender explicitamente querem sua ajuda e a maneira específica com que está dando essa assistência. Você fica mortificada se inadvertidamente machucar as pessoas, mas seu entusiasmo desenfreado pode piorar o dano, a menos que seja controlado. Existem muitas maneiras de provar a si mesma e seguir seu senso de dever sem se perder no processo. Ser uma pioneira, uma localizadora de caminhos, uma batedora na vanguarda de assuntos espirituais e sociais também é satisfatório para esta combinação de Sol e Lua. A Lua de Câncer é um planeta governante, por isso tem mais poder aqui. Este posicionamento combinado com Áries também pode dar grande criatividade e carisma.

Como todas as Luas do elemento Água, a Lua em Câncer dá a aura uma atração magnética que quer se fundir com o que estiver por perto. Imagine duas gotas de água cada vez mais perto mal se tocando e como elas se juntam para se tornar uma gota maior. A aura de uma pessoa com uma Lua em Câncer é mais provável que retenha os padrões e as energias que toca. Isso pode ser uma coisa boa ou um problema, dependendo do que é absorvido. Tome cuidado extra para limpar e se purificar antes e depois do trabalho mágico quando possível.

Um dos presentes que vem com esta Lua é uma capacidade de toque curador que oferece conforto ao preencher e curar interrupções na energia de outras pessoas.

♌

## Lua em Leão

Fogo duplo. Esta combinação das modalidades de Fogo Cardinal e Fixo é quase como ter uma lua cheia construída em seu mapa. Você adora brilhar e faz isso com facilidade. Seu coração a conduz para a aventura e tem uma visão romântica e idealista da vida. Dependendo de outros fatores em seu mapa, isso pode ser uma busca interior ou aquela que o mundo inteiro vê. Há uma dança em seu coração que oscila entre as chamas gêmeas de realização para o seu bem e para o bem de ser visto. Veja isso como tendo duas fontes de motivação em vez de interpretá-las como problemáticas. Enfrentando isso, a verdade o ajudará a manter seu equilíbrio. Não há nada de errado em ser totalmente você mesma e ocupar o espaço que é seu. O objetivo é aspirar ser um modelo de excelência que incentiva os outros a se intensificar em vez de ser o centro das atenções.

Aproveite os elogios e as honras que recebe, mas não se torne dependente deles para motivação.

Seu conhecimento de quem é e todas as suas muitas habilidades não se traduzem imediatamente em resultados no mundo real. Aquele charme da Lua em Leão e a paixão do Sol em Áries requer planejamento, orientação e acompanhamento para alcançar resultados reais. Além disso, seu holofote interno sobre o que pode fazer torna mais difícil ver quais partes de você precisam ser melhoradas e refinadas. Um exame de consciência e um exame minucioso de sua vida são atos de vontade, não comportamentos instintivos ou automáticos. As artes, em qualquer forma, todos os esforços realmente criativos, são bons para a evolução pessoal e autocuidado.

Uma Lua em Leão, como todas as Luas do elemento Fogo, facilmente se estende para se conectar com a energia de outros seres, embora um pouco menos que Áries e Sagitário. As qualidades ígneas limpam e protegem sua aura de captar os detritos emocionais de outras pessoas ou de ser influenciado pelo seu ambiente. É relativamente fácil para você misturar sua energia com outras e separá-la de forma limpa. A Lua em Leão também torna mais fácil de encontrar o seu centro e permanecer centrada. O Fogo Fixo de Leão torna mais fácil reter grandes quantidades de energia que podem ser aplicadas para trabalhos individuais e coletivos. Você é particularmente adequada para a liderança ritual ou para o papel de ser a principal formadora de energia em um trabalho.

♍

## Lua em Virgem

Esta é uma Lua desafiadora ou potencialmente inspiradora para uma ariana. A Lua em Virgem adora obter os detalhes certos e um planejamento perfeito. O Sol em Áries faz as coisas com a cara e a coragem. No entanto, se esses dois estilos puderem ser trazidos em harmonia, isso produz uma mente perspicaz e apoiada por uma vontade forte. Você quer o melhor de si e também de outras pessoas. Mais uma vez, equilíbrio é muito importante para quem deseja viver uma vida melhor. Treinamento formal e aprendizado estruturado, seja em assuntos acadêmicos, seja nos negócios, seja na Bruxaria, servirá bem a você. Além de adquirir conhecimento e habilidades, uma abordagem organizada reduzirá seu nível de estresse. Você também tem uma ampla gama de interesses, e a única maneira de conseguir fazer metade das coisas em sua lista é com um planejamento cuidadoso.

Uma ariana com Lua em Virgem tem certa inclinação para avaliar, pontuar e julgar tudo. Isso inclui você, as pessoas em sua vida e o mundo em geral.

Seu desejo de buscar o seu melhor ajuda você a polir a joia da sua alma. Isso se torna um problema quando esse discernimento se transforma em um julgamento severo que sufoca a motivação para fazer melhor. Isso pode afetar você e a todos os seus relacionamentos, família, amigos e colegas de trabalho. Treine-se para ouvir o que diz e visualize o impacto que isso tem. Pergunte a si mesma se os resultados são produtivos ou destrutivos. É importante criar o hábito de se autoelogiar e também de elogiar os outros por se esforçarem ou corrigirem seus erros.

Como todas as Luas do elemento Terra, uma Lua em Virgem gera uma aura que é magnética e puxa energia interior. Esta Lua também facilita a criação de fortes formas de pensamento e construção de energia. Você tem escudos fortes, mas se violados, seus escudos tenderão a manter o padrão da lesão; obter alguma ajuda para a cura ou a recuperação pode demorar mais do que deveria. As Luas de Virgem são melhores em perceber e compreender padrões e processos em auras, energia, feitiços e assim por diante.

Você pode ser muito boa em identificar o que está errado e encontrar uma maneira de remediar a situação. Isto dá o potencial para fazer trabalhos de cura e quebrar maldições, entre outras coisas. A Terra Mutável desta Lua, combinada com o Fogo Cardinal de Áries, pode lhe dar insights sobre os mistérios das plantas e dos animais.

♎

## Lua em Libra

Esta não é uma combinação fácil de gerir, por isso é bom que uma ariana seja bastante determinada. Normalmente, uma pessoa de Áries tem a certeza do que quer e segue sua paixão por onde quer que possa levá-la. A Lua em Libra tende a tornar as necessidades e as emoções de outras pessoas importantes para você. Conflito e paz fazem parte do que é e do seu trabalho. É produtivo ver o mundo como uma diplomata ou um mediadora que prima pela justiça e praticidade. Não confunda pensar em todos os ângulos e possibilidades como sendo o mesmo que agir. Pode parecer assim, porque você terá se empenhado em um esforço considerável.

Somente quando fizer uma escolha distinta e seguir essa escolha, a sua natureza de Áries ficará satisfeita.

Esta Lua confere sensibilidades estéticas, talento criativo e certa aptidão para criar beleza. Isso pode se expressar em artes, empreendimentos criativos e no dia a dia. Também pode ser internalizada, principalmente como voos da imaginação e devaneios. Isso pode ser delicioso, mas a menos que alcance metas para que possa partir em busca de um novo desafio, você se sentirá menos satisfeita com o tempo.

Lembre-se de que o vento deste signo do elemento Ar, a Lua, destina-se a avivar sua chama, e não a apagar. A Lua em Libra faz você pensar em amor, amizades e todos os relacionamentos de forma idealizada. Tenha cuidado para não colocar as pessoas em pedestais, ou pelo menos não tão altos. Isso se torna confuso e doloroso quando você se depara com frieza, ou quando suas necessidades são desconsideradas. Não pense demais; seja direta e limpe o ar. Viva em seus próprios termos e mantenha por perto as pessoas que conhecem e respeitam você.

A Lua de Libra, como todas as Luas do elemento Ar, facilita o envolvimento em viagens da alma, psiquismo e dá à aura maior flexibilidade. Quando a ariana trabalha bem com sua Lua em Libra, pode se tornar um canal neutro e claro para receber informações de espíritos e outras entidades.

Sintonizar-se com os pedidos não falados ao fazer trabalhos divinatórios também é mais fácil para você. As auras das pessoas com Lua em Libra são muito capazes de superar e igualar diferenças entre os corpos sutis de grupos de pessoas. Isso permite trazer ordem e harmonia às energias elevadas e moldadas em um ritual de grupo.

♏

## Lua em Escorpião

A ação nunca para quando uma ariana tem sua Lua em Escorpião. Vitalidade, desejos, intensidade, confiança e uma personalidade feita de muitas camadas rodopiantes de paixão e emoção são suas características. Você passa a impressão de força e competência mesmo quando está mergulhada em adversidades reais e problemas imaginários. É muito persuasiva e pode convencer as pessoas a seguir suas ideias. Se as pessoas não concordarem com seu plano, então você mesma o faz. A ariana com Lua em Escorpião tenta fazer o mundo se adequar ao que ela quer e, até certo ponto, terá sucesso. É provável que seja um padrão repetitivo, então se esforce para tornar esse padrão em algo que a leve a uma vida melhor e mais feliz.

Isso significa que é duplamente importante fazer um profundo exame de consciência. Seu ceticismo inato e a desconfiança da autoridade podem servir muito bem para encontrar profundas verdades. No entanto, se sua busca e pesquisa forem muito influenciadas pela suspeita e uma perspectiva defensiva, você verá conexões, conspirações e perigos onde não tem.

Escorpião é a água da modalidade Fixa, água sob pressão, o que torna suas emoções mais extremas. Isso lhe dá uma poderosa natureza sexual, um grande desejo de se conectar com os outros e de se proteger contra essa conexão, e ainda abre poços profundos de criatividade e impulsos destrutivos. Para aqueles a quem dá sua confiança, você é generosa, atenciosa e protetora. Quando ganha controle, ou pelo menos uma compreensão da turbulência que carrega dentro de si, a maior parte de seus objetivos serão atingíveis.

Talvez o mais importante, você terá um senso de clareza e significado que renova sua relação com a vida. Suas fortes habilidades psíquicas irão atendê-la muito melhor quando puder classificar suas impressões com uma perspectiva mais distanciada.

A Lua em Escorpião, como todas as Luas do elemento Água, confere à aura uma atração magnética que quer se fundir com o que estiver por perto. Você absorve informações facilmente sobre outras pessoas, espíritos, lugares e assim por diante. Se não for cuidadosa, as informações e as emoções vão dar voltas e se repetir em sua mente. Para liberar o que captou, reconheça o que percebe e, em seguida, reformule seu significado com suas próprias palavras. A energia e a magia de uma Lua em Escorpião são hábeis em sondar e passar por barreiras, escudos e proteções. Isso também lhe dá o poder de remover coisas que não deveriam estar presentes.

♐

## Lua em Sagitário

O Fogo duplo aqui produz amor pela liberdade, independência e honra. A **VERDADE**, em letras maiúsculas e, negrito é uma das divindades centrais em seu panteão pessoal. Você se sai melhor quando sente que suas atividades estão conectadas a um propósito maior ou a uma causa. Nos tempos em que seu foco é mais forte, suas faculdades mentais brilham com paixão e suas emoções são frias e desapaixonadas. Existe o risco de parecer arrogante, a menos que explique os motivos de suas palavras e ações. Seu código de ética é importante para você, mas é difícil para os outros descobrirem o motivo desse seu modo tão flexível e esse seu gosto por testar limites. Esta Lua incentiva você a falar diretamente, sem rodeios, às vezes, por isso é vital que preste atenção ao impacto que causa nos outros. Embora goste de ganhar, você também quer ser vista e compreendida, o que requer uma comunicação totalmente recíproca.

Quando seu signo Lunar é Sagitário, especialmente combinado com um Sol em Áries, você tem um forte desejo de viajar, certa inquietação e uma curiosidade abrangente, que a atrai para diferentes culturas, lugares, espiritualidades e assim por diante. E é também uma detentora natural de certo dom para atrair pessoas. É animada, motivada para explorar o mundo e adora expandir as mentes humanas.

Se puder viajar, você vai, se não puder, então vai explorar o mundo através dos livros e da internet. Você ama o quadro geral, grandes teorias e grandes princípios, e os entende.

O verdadeiro trabalho é se convencer a fazer uma pausa para absorver os detalhes, porque eles são importantes.

Se você precisa de um truque mental para ajudá-la a prestar atenção aos detalhes, lembre-se de que existem mundos dentro de mundos. Ao olhar para as pequenas coisas, novas perspectivas amplas irão se revelar.

As auras das pessoas com Lua em Sagitário são as mais adaptáveis das Luas de Fogo. Sua energia pode chegar longe e mudar sua forma facilmente.

Você é particularmente boa em afetar a energia de outras pessoas ou a energia de um lugar. Como as outras Luas do elemento Fogo, sua aura é boa em se limpar, mas isso não é automático e requer sua escolha consciente. Isso ocorre, porque o Fogo Mutável de Sagitário é instável e pode ir de uma pequena brasa a uma coluna de fogo que atinge o céu. É importante que gerencie sua energia para estar em algum lugar entre os extremos e um pouco fora desse inferno furioso.

♑

## Lua em Capricórnio

Essa ariana tem o carneiro e a cabra, o que lhe dá todos os músculos necessários para bater, escalar e conquistar o que escolher. Não importa o exterior macio ou polido que vai colocar, por baixo ela é uma rocha sólida e inabalável em suas convicções.

A nativa de Áries com a Lua em Capricórnio sabe o que precisa ser dito e feito em quase todas as situações. Seu senso de realização vem de suas ações e não do que os outros têm a dizer. Há apenas um punhado de pessoas cuja opinião realmente importa para ela. A Lua em Capricórnio torna mais difícil para essa ariana ser outra coisa senão a chefe. Quando não puder estar no comando, seja prática e aplique seus poderes de persuasão para conduzir as coisas na direção que deseja. Não desperdice energia removendo pessoas que são obstáculos; desvie delas ou mude suas mentes.

Pessoas com a Lua em Escorpião quer status, e você não é diferente, embora tenha sentimentos confusos sobre esse desejo. Não precisa estar nos holofotes ou ter hordas de pessoas ao seu redor; só precisa ter um pequeno grupo sólido em que confie. Você fica melhor quando pessoas próximas também têm metas e objetivos. Aprende observando e fica mais feliz quando ajuda. Busque sua tribo, sua família de escolha, uma prioridade, pois eles vão ajudar você a se libertar dos limites do seu passado. Se não fizer isso, pode acabar desenvolvendo uma perspectiva dura sobre as falhas da humanidade. Você não é fadada a ficar sozinha ou solitária, embora se fixar nessas preocupações podem atraí-las.

É fundamental que encontre e mantenha um equilíbrio entre seu trabalho e sua vida pessoal. É fácil ficar obcecada com seus projetos. Caso se perceba possessiva ou controladora ou se torne alvo desses sentimentos ou comportamentos, preste atenção a eles imediatamente.

Uma Lua em Capricórnio, como todas as Luas do elemento Terra, gera uma aura que é magnética e puxa energia para dentro. O que você atrai para si tende a grudar e solidificar, então tenha cuidado, especialmente ao fazer trabalho de cura ou limpeza.

A magia da Lua em Capricórnio é excelente para impor um padrão ou criar um receptáculo em um trabalho. Seus feitiços e trabalhos tendem a ser duráveis. Você também tem jeito para construir proteções e fazer magia protetora. Com treinamento adequado, será boa em manifestar as coisas que precisa.

♒

## Lua em Aquário

Mesmo sendo bom em prever tendências, essa ariana ama ser imprevisível e adora ser surpreendida. Sua vida é um ritmo mais rápido do que é confortável para muitos.

Ela prospera em novas experiências e gosta de mergulhar e se envolver totalmente em tudo o que chama sua atenção. A busca pelo significado da vida estará sempre em sua mente.

Se você é uma ariana com Lua em Aquário, apesar de o seu desejo estar no centro das coisas, também sabe ser cautelosa ao se aproximar demais das pessoas. Sua natureza rebelde e preferência por ignorar regras, limites e apegos são tão importantes, que pode machucar outras pessoas sem querer.

Você se importa com a humanidade como um conceito, mas têm dificuldade em lidar com as imperfeições dos indivíduos. Tente dar às pessoas mais tempo e espaço; porque você processa as coisas em uma taxa mais rápida do que a maioria, gosta de pensar sobre o futuro e gostaria que ele chegasse mais rápido.

Correr riscos para colher recompensas é tão fácil como respirar para as arianas que tem a Lua em Aquário. No entanto, precisa se concentrar mais em fatos e observações do que em seguir seu âmago. Sua aptidão para fazer melhor uso dos recursos que estão à sua disposição lhe dá sorte quando se trata de encontrar mais oportunidades. Pode ser muito charmosa e facilmente se destaca em qualquer negócio ou configuração social.

Seu sucesso vem de sua compreensão das forças que moldam a cultura. Isso é o que precisa ter em mente para ser mais paciente e ouvir mais profundamente as pessoas. Fazer concessões não está em sua constituição, mas elas irão abreviar o caminho em direção a seus objetivos. Você é leal com as pessoas que escolhe para estar em seu círculo íntimo. Isso nem sempre é aparente para elas, então, reserve um tempo para mostrar o que elas significam para você. Como todas as Luas do elemento Ar, a Lua em Aquário estimula uma aura altamente móvel e flexível. Sem um foco forte, o poder de um corpo sutil do elemento Ar se torna disperso e difuso. Quem tem uma Lua de Ar deve colocar ênfase em encontrar e focar em seu centro de energia.

Aterramento é importante, mas focar em sua essência e em seu centro é mais importante. A partir desse centro, você pode fortalecer e estabilizar seu poder. Pessoas com Lua em Aquário são boas em moldar e manter uma forma de pensamento ou padrão de energia específico e transferi-los para outras pessoas ou objetos.

♓

## Lua em Peixes

Peixes é o último signo e Áries é o primeiro. É onde o começo e o fim se encontram. Em certo sentido, você está no meio e, entre eles, sua alma está em dois lugares ao mesmo tempo. A Lua em Peixes traz um grande interesse pela espiritualidade e uma alma sensível. É desafiador ser uma nativa de Áries que está ciente das ondas sobrepostas de emoções e pensamentos que a rodeiam. Este é um grande presente quando gerenciado bem, e quando não é, pode haver apreensão e inquietação. Uma parte central do trabalho de ser do signo de Áries é o autodesenvolvimento. Com esta Lua, é imperativo que desenvolva confiança e um profundo acreditar em sua capacidade de crescer. Certifique-se de ter momentos de solidão suficientes, isso ajudará a tornar mais claro o que é seu e o que absorveu dos outros. As pessoas tendem a ver você mais forte e mais ousada do que realmente se sente por dentro.

Você possui fontes profundas de criatividade que merecem ser expressas e exploradas. É inventiva e cheia de inspiração que pode ser aplicada nas artes, nas ciências ou nos negócios. A pressão ardente de Áries pode se aprofundar mais nas águas mutáveis de Peixes, e é melhor manter as coisas fluindo. Se você não tiver a oportunidade suficiente para se expressar ou bloquear o fluxo, isso pode se transformar em certa preocupação que vai deixá-la emburrada. Sua saúde física também depende de se manter desbloqueada. Você gostaria que o mundo fosse mais honrado e direto do que é. Sua vida é bem ativa, quando se distrai e perde datas importantes, costuma ser dura consigo mesma. Evite esse tipo de problema tornando um costume fazer anotações, inserir lembretes em seu calendário ou qualquer outra coisa que irá estruturar sua vida.

Com a Lua em Peixes, a ênfase deve ser em aprender a sentir e a controlar o ritmo de seu movimento energético em sua aura. As auras do signo da Lua de Água são flexíveis, coesas e magnéticas, então elas tendem a ondular e balançar como a ação das ondas. A Lua em Peixes é a mais propensa a pegar e segurar emoções ou energias indesejadas. Ondular sua energia e ricochetear as coisas fora das camadas externas da sua aura é uma boa defesa. Tenha cuidado, desenvolva boas práticas de blindagem e faça da limpeza de si mesma e de sua casa uma prática regular. A energia das pessoas com a Lua em Peixes é melhor para energizar, confortar e curar perturbações nas auras de outras pessoas.

# CORRESPONDÊNCIAS DO TARÔ

♈

Cartas de Tarô para uma Bruxa de Áries podem ser usadas em seus trabalhos para muito mais do que adivinhação. Elas podem ser pontos focais em meditações e transes, para conectar-se com o poder de seu signo ou elemento ou para entendê-los mais completamente. As cartas ficam ótimas em seu altar, como uma âncora para os poderes que está chamando. As cartas dos Arcanos Menores podem ser usadas para tocar na energia de Marte, Sol ou Vênus em Áries, mesmo quando estão em outros signos nos céus. Se tirar uma foto de uma carta, reduzir a imagem e imprimi-la; poderá dobrá-la e colocá-la em sacos de feitiços ou jarros como ingrediente mágicos.

## Arcano Maior de Áries

O Imperador

## Todos os Signos de Fogo

Ás de Paus

## Arcano Menor de Áries

| | |
|---|---|
| 2 de Paus | Marte em Áries |
| 3 de Paus | Sol em Áries |
| 4 de Paus | Vênus em Áries |

ÁRIES
ÁRIES
ÁRIES
ÁRIES
ÁRIES
ÁRIES
ÁRIES

## MEU MELHOR MOMENTO COMO UMA BRUXA DE ÁRIES

Diotima Mantineia

Meus melhores momentos como Bruxa de Áries – bons, engraçados e não tão bons – incluíram o fogo. O Fogo é o elemento de Áries, e meu Sol não é o único planeta que tenho no signo. Mercúrio e Júpiter também estao lá, e com Plutão em Leão (outro signo de Fogo), o elemento é forte no meu mapa natal.

Eu sempre amei fogueiras quando criança. Mas somente quando fui à minha primeira reunião Pagã e dancei ao redor de uma enorme fogueira, intencionalmente preparada para dança de transe no centro de um círculo de tambores, foi que eu realmente entendi a magia e o poder deste elemento.

O acampamento – duzentos acres em uma floresta ao noroeste de Maryland, às margens do magnífico Rio Susquehanna – era um lugar mágico. A reunião em si foi uma experiência totalmente nova para mim.

Na época, eu só me identificava como Bruxa há alguns anos, e a maioria das minhas interações com outras Bruxas se limitava aos dois Covens onde eu havia estudado e algumas discretas reuniões locais.

Isso foi pré-internet e no auge do Pânico Satânico, então encontrar outras Bruxas foi muito mais difícil, já que a maioria de nós estávamos escondidas no fundo do proverbial "armário de vassouras". Mas nessa reunião eu me vi cercada por várias centenas de outras Bruxas e Pagãos agindo como Bruxas e como Pagãos e tão longe do armário quanto eles queriam estar neste espaço seguro. Bandeiras e estandartes com símbolos esotéricos tremulavam sobre os acampamentos, pequenos altares brotavam à nossa frente, artesãos exibiam suas mercadorias mágicas em estandes e os aromas de diferentes incensos estavam sempre no ar.

Era colorido e mágico, e eu estava em transe. Além disso, eu ia acampar neste lindo lugar onde os espíritos da Terra eram fortes e (principalmente) benignos. Alguns amigos e eu seguimos os tambores até o fogo na primeira noite. Fiquei sentada observando por um tempo, mas eu amo dançar e, obviamente, juntei-me aos dançarinos em volta do fogo.

Não sendo estranha ao transe, descobri que o calor, as chamas e os tambores me levaram a um tipo diferente de experiência das quais eu já havia experimentado antes.

Como a maioria das experiências de transe é difícil colocar em palavras, basta dizer que me conectei profundamente com a terra, particularmente com o Rio Susquehanna nas proximidades, e com o pequeno e tranquilo lago a apenas alguns metros de distância da fogueira. Esta foi uma experiência profunda que me abriu novos caminhos.

Desde então, dancei em torno de muitas outras fogueiras. Algumas eram mais propícias a experiências de transe do que outras. Depende muito da comunidade. Aprendi o importante papel que os guardiões do fogo desempenham na construção e na manutenção do fogo, abordando-o como uma tarefa espiritual/mágica com intenções claras. As vibrações são muito diferentes em uma fogueira com intenção e guardiões do fogo experientes, diferem de algumas pessoas que ocasionalmente jogam mais lenha em uma fogueira construída descuidadamente.

Com o tempo, aprendi a tocar tambor, o que me deu uma perspectiva igualmente valiosa sobre o fogo, os dançarinos e os tambores. Eu poderia assistir em vez de sentir o fluxo de energia entre os dançarinos e o fogo e o sincronizar com o tambor. Mas ainda prefiro dançar – uma das razões é que isso me aproxima do fogo.

Por mais que eu ame trabalhar com fogo, é importante nunca esquecer de que ele é volátil, perigoso e pode mudar de uma chama silenciosa para um incêndio em apenas alguns segundos, especialmente se a vela ou fogo forem carregados magicamente. Aprendi essa lição quando quase incendiei a minha casa.

Eu havia participado de um ritual público realizado por uma organização local com a qual tenho vínculos. Como parte do ritual, todos receberam uma vela em um copinho de metal, que tinham que carregar, colocar no altar e acender. Isso deixou o altar lindo, mas não houve tempo suficiente para deixar as velas queimarem totalmente antes de todos saírem, e descartá-las meio queimadas não era uma boa opção. Então, levei-as para casa comigo, pensando em colocá-las em um bandeja de metal e deixá-las queimar sobre o meu fogão, que parecia um lugar seguro.

Isso teria sido bom se todas tivessem ficado paradas em seus copinhos de metal. Mas eu aparentemente não as coloquei separadas o suficiente. Por um tempo, elas estavam queimando silenciosamente. Então, de repente, elas se tornaram uma única camada de chamas com mais de trinta centímetros de altura. Peguei um extintor de incêndio e as apaguei antes que qualquer dano fosse feito, mas foi um momento assustador, e um grande trabalho de limpeza nos níveis físico e mágico.

Houve outro incidente, muito mais divertido, em que o fogo saiu dos limites. Era noite de Halloween/Samhain, e fui à casa de uma amiga. Ela vivia em uma grande vizinhança receptiva aos "doces ou travessuras" e decorou sua casa de acordo. Decidimos nos fantasiar de Bruxas para as crianças que vinham até a porta, então, depois que as hordas fantasiadas voltaram para suas casas, fizemos um breve ritual de Samhain. Foi uma noite adorável e pensamos brevemente em fazer o ritual no deque coberto, mas acabamos decidindo fazê-lo em sua sala de jantar, onde ela já havia montado um altar.

Minha amiga havia comprado recentemente de um ceramista local uma lamparina a óleo, em forma de crânio. Ela deu a ele um lugar de destaque no altar para acendê-lo. Enquanto eu convocava o fogo, voltada para o Sul, em frente ao altar, ela me interrompeu para dizer: "Vamos fazer isso lá fora". Fiquei chocada com a interrupção. "Não, pelo menos espere até que eu termine a convocação! Ela respondeu: "Agora, Diotima!" Eu me virei para vê-la saindo para o deque carregando o crânio em chamas que disparavam de seus olhos. As chamas eram do comprimento dos braços dela.

Uma vez que o crânio estava aninhado em segurança na mesa de piquenique no deque, começamos a rir histericamente e terminamos o ritual ali. Talvez seja onde deveríamos estar desde o começo.

Esse incidente foi um bom lembrete de que o Samhain não tem que ser "muito sério". Os ancestrais e espíritos apreciam uma boa risada também. Eu sei que eles estavam rindo conosco naquela noite!

Como gosto muito de fogo, uso-o muito na minha própria magia. Há uma técnica excelente que quero compartilhar com você, porque é perfeitamente adequada para a Bruxa de Áries.

## Fogo de Sal de Epsom

Isso é o mais próximo que poderá chegar de ter uma fogueira (segura!) em seu altar. Você pode usá-la para limpar o espaço, o que faz muito bem, mas pode também usá-la para fazer uma oferenda, queimar papéis de pedidos ou realizar uma adivinhação.

***Você vai precisar de:***

- Um recipiente à prova de fogo, uma tampa e um prato para colocá-lo. Eu gosto de usar um pequeno Caldeirão de ferro fundido. Algumas pessoas usam uma caneca de cerâmica resistente ou tigela. A tampa deve ser grande o suficiente para cobrir rápida e completamente o recipiente se o fogo precisar ser abafado.
- Sal de Epsom
- Álcool isopropílico a 91% (fricção) ou uma bebida com alto teor alcoólico. Eu gosto de usar o álcool para limpeza e a bebida para oferendas e pedidos.
- Óleos essenciais (opcional)
- Um isqueiro longo ou fósforos de lareira

***Instruções:***

O como fazer é bem fácil, mas a montagem deve envolver energizar todos os ingredientes ao colocá-los no Caldeirão e falar sua intenção para a limpeza/oferta/pedido/adivinhação.

Coloque o prato em algum lugar isolado de qualquer coisa inflamável. É improvável que o fogo se intensifique, mas ainda é fogo, o que o faz imprevisível. Deixe a tampa onde puder agarrá-la facilmente se precisar extinguir o fogo.

Você julgará quanto sal e álcool deve usar pelo tamanho do recipiente que estiver utilizando. Comece com pouco, até que tenha uma ideia. As proporções são duas partes do sal para uma parte de álcool. Então, comece com duas colheres de sopa do sal e uma colher de sopa de álcool.

Pode adicionar uma ou duas gotas de óleos essenciais ao sal antes de adicionar o álcool, mas não exagere.

Coloque o sal no recipiente e despeje o álcool sobre ele. Então, acenda com o isqueiro e pronto, você tem fogo!

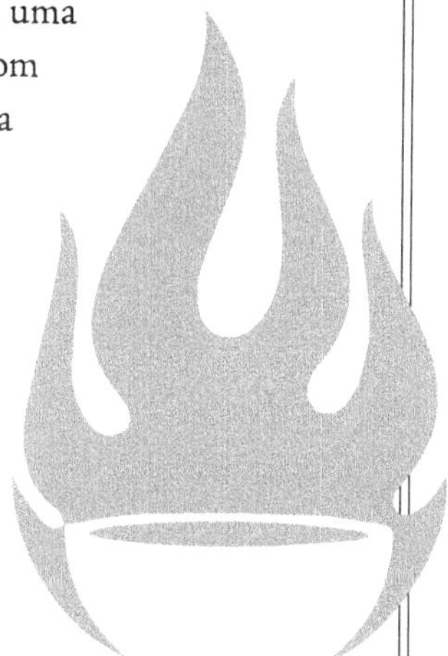

Quando o fogo tiver queimado, deixe o recipiente esfriar e, em seguida, coloque-o de molho por pelo menos uma noite para tirar o sal. Você pode precisar raspar com uma faca cega, então tenha isso em mente quando escolher seu recipiente. Dependendo do objetivo para o qual usou o fogo, pode descartar o sal, deixando-o escorrer pelo ralo, jogando-o em um riacho ou rio, ou enterrando-o.

Acho que você achará essa técnica divertida e útil para criar alguns momentos de Bruxaria perfeitos para uma ariana.

# • A INFLUÊNCIA DO SEU SIGNO ASCENDENTE •

Ivo Dominguez, Jr.

Seu signo ascendente, também conhecido como "predominante", é o signo que estava subindo no horizonte leste na época e no local de seu nascimento. No mapa astral, está à esquerda do lado que divide a parte superior e as metades inferiores do mapa na linha horizontal. Costuma-se dizer que o signo ascendente é a máscara que você usa para o mundo, mas é muito mais do que isso. É também o portal através do qual podemos experimentar o mundo. Seu signo ascendente colore e filtra essas experiências. Além disso, quando as pessoas a conhecem pela primeira vez, o que elas encontram é o seu signo ascendente. Isso significa que elas interagem com você com base na percepção desse signo, e não pelo seu signo solar. O que, por sua vez, tem um impacto sobre si mesma e na forma como você se vê. Conforme as pessoas vão conhecendo você, com o tempo, elas vão se deparando com o seu signo solar. Seu ascendente seria como as nuvens coloridas escondem o Sol ao amanhecer; conforme ele continua a se elevar, seu brilho é revelado.

O signo ascendente influencia sua aparência física, bem como seu estilo de se vestir. Para alguns graus, sua voz, maneirismos, expressões faciais, postura modo de andar também são influenciados pelo seu signo ascendente. Os blocos de construção de sua personalidade pública vêm de seu signo ascendente. Como você organiza esses blocos de construção é guiado pelo seu signo solar. Portanto, seu signo solar deve trabalhar com o que lhe foi dado. Para as Bruxas, o signo ascendente mostra algumas das qualidades e fundamentos que dão base a uma personalidade mágica que elas podem construir.

A personalidade mágica é muito mais do que simplesmente mudar para o espaço certo, coletar equipamentos rituais, acender velas e etc. É uma construção que é desenvolvida por meio de suas práticas mágicas e espirituais para servir como uma interface entre diferentes partes do self. Também conhecida como "persona mágica", a personalidade mágica, pode atuar como um recipiente ou limite para que cada parte mundana e mágica da vida de uma pessoa possa ter seu próprio espaço. Seu ascendente também dá pistas sobre quais técnicas de magia virão naturalmente para você.

Este capítulo descreve os doze arranjos possíveis de signos ascendentes com um Sol em Áries e o que cada combinação produz. Existem 144 tipos básicos de possibilidades para Áries, levando-se em consideração os signos lunares e ascendentes. Você pode querer reler o capítulo sobre o seu signo lunar depois de ler sobre seu signo ascendente para que possa entender melhor essas influências quando elas se fundem.

♈

## Ascendente em Áries

Com o seu Sol e o ascendente em Áries, não há dúvida de que você se parece e age como uma ariana. Essa combinação a torna mais espontânea e até mesmo mais propensa a se precipitar nas coisas do que seria para uma ariana comum. Você faz um balanço das situações rapidamente, faz escolhas e começa a trabalhar. Acha fácil assumir o papel de guerreira ou protetora. Os outros veem isso e esperam que você seja a salvadora deles ou seu cão de guarda. Sua natureza nobre provavelmente a conduzirá a fazer esse tipo de trabalho.

É importante cuidar do seu temperamento, pois esta dose dupla de fogo pode levar a explosões. Todas as suas paixões e desejos surgem rapidamente e muitas vezes são visíveis para outras pessoas. É uma boa ideia estar atenta a isso, mesmo que achar melhor atender os seus desejos ou reduzi-los.

Esta combinação mostra que você gosta de ser a melhor em tudo, e gosta de chegar primeiro. Esteja alerta, ou poderá destruir pessoas ou situações que tenha cuidadosamente construído. Tanta energia de Áries intensifica suas ambições, o que, quando bem controlada, é uma grande bênção. No entanto, quando suas ambições prevalecem sobre sua melhor natureza, pode induzi-la a não pensar e a ter certo potencial a abusar do seu poder. Existe uma boa chance de acumular uma lista crescente de inimigos, a menos que aprenda a ser mais consciente de seu impacto sobre as pessoas ao seu redor.

Ter um ascendente em Áries significa que quando você trabalha para atrair o poder, o fogo responderá primeiro. Caso precise de outros tipos de energia, vai precisar chegar mais longe, concentrar-se mais e ser mais específica em seu pedido. Esta combinação torna mais fácil acessar força vital pura para cura ou para a sua magia.

Depois de fazer seu trabalho mágico ou atrair poder, certifique-se de se acalmar e encerrar suas conexões com essa energia.

♉

## Ascendente em Touro

A solidez terrena de Touro como seu signo ascendente apresenta uma fachada muito diferente de quem você é em seu interior ardente. Às vezes, isso é útil, porque transmite mais seriedade quando precisa ser levada a sério pelos outros. Esta combinação ajuda a dar à sua força de vontade uma base mais estável para trabalhar. Você parece mais tranquila do que é, então conte com a surpresa das pessoas quando for de zero a cem. Arianos com este ascendente têm uma necessidade maior de segurança e estabilidade do que a maioria das pessoas do signo de Áries, especialmente em assuntos relacionados ao lar e finanças. Além da natureza apaixonada do seu signo solar, um alto grau de sensualidade e muito amor para confortar a todos faz parte do seu ser.

Touro é conhecido pela determinação e teimosia. Áries é conhecido por saber o que quer e como obter o que quer. Uma vez que criou algo em sua mente, é difícil mudar isso ou a direção que escolheu.

Uma das vantagens de um ascendente em Touro é que ele desacelera aquela impetuosa natureza de Áries. Isso resulta em escolhas mais fundamentadas e traz mais eficácia em uma situação de liderança. Sua saúde física fica melhor quando estrutura sua alimentação e atividades físicas. Você ficará mais confortável em seu corpo se fizer isso e viverá uma vida mais longa.

O ascendente Touro dá mais força à sua aura e certa capacidade de manter uma forma mais sólida para a sua energia. Isso lhe dá escudos mais fortes, permitindo que possa criar formas-pensamento e feitiços que duram mais. Essa combinação faz de você um canal melhor para a energia de outras pessoas no trabalho em grupo, porque vai conseguir tolerar volumes maiores de diferentes tipos de energias. Depois de qualquer tipo de trabalho, certifique-se de que sua aura e energia voltem ao seu normal, porque o ascendente em Touro gosta de manter padrões.

♊

## Ascendente em Gêmeos

Fogo e Ar fazem uma combinação poderosa. A velocidade e impulso de Áries são canalizados para a mente e os poderes de comunicação de Gêmeos. Falar, escrever, ler, conectar-se às mídias sociais e acompanhar os assuntos atuais fazem parte de quem você é diariamente. Sua aura vibra com energia e uma sensação de atividade, mesmo se estiver perfeitamente imóvel.

Quando em ação, pode ir rápido demais, deixando um borrão em seu rastro. Uma atitude infantil e inquisitiva a mantém jovem no coração e no contato com o mundo. Sua curiosidade às vezes pode parecer um pouco rude quando questiona as pessoas de maneira indelicada.

Há também uma predisposição para mudar sua atenção rapidamente de tópico para tópico, de pessoa para pessoa, e assim por diante, de forma que possa ser interpretada como inconstante ou volúvel. Você não é nenhum dos dois, mas suas ações são fáceis de serem mal-entendidas.

Se isso acontecer, ative seu amplo charme e inteligência e explique o que pensa e sente. Esteja ciente de que, embora tenha uma abundância de interesses e energia, ainda assim poderá ficar sobrecarregada se colocar muitas coisas em sua lista de tarefas. Não vai ser muito bom pedir para cortar coisas da sua lista, então, em vez disso, sugiro que coloque lembretes em seu calendário para voltar aos negócios inacabados.

O ascendente em Gêmeos permite poderes de comunicação espiritual. Ele ajuda a alongar sua energia e aura para ir mais longe e se adaptar a tudo que você toca. Faria bem desenvolver suas habilidades psíquicas receptivas, assim como práticas de mediunidade e canalização. Essa combinação também pode se prestar à comunicação com animais e plantas. Quando trabalhado, aumenta a sua tendência de transmitir seus pensamentos e sentimentos para os outros.

Afie suas habilidades de blindagem em nome da privacidade e da paz.

♋

## Ascendente em Câncer

Esta combinação é complicada, porque seu Sol em Áries quer avançar e seu ascendente em Câncer quer ficar para trás. Há uma oscilação entre as características contrastantes desses dois signos. Áries quer responder a um chamado às armas e Câncer quer ter uma conversa carinhosa tomando um chá.

Um quer vagar pelo mundo e outro quer ficar confortável em casa. Essa dinâmica pode causar tensão e estresse, mas também pode ser voltada para o seu benefício. Arianos com ascendente em Câncer têm maior consciência das emoções dos outros do que a maioria das pessoas do signo de Áries. Isso pode levar a melhores amizades e relacionamentos mais fortes. O ascendente em Câncer torna você um pouco mais cautelosa, o que ajuda a contrabalancear seu comportamento de risco. Este ascendente pede para olhar para frente antes de pular.

O Fogo do seu Sol em Áries aquece as Águas de seu ascendente em Câncer para que suas emoções sejam mais tempestuosas. Sua imaginação também é poderosa, rápida e mutável.

Se isso é vivenciado como um ponto positivo ou negativo é determinado por quão bem você desenvolve a sua vontade e controle emocional. No final, isso significa mais paixão e mais emoção, o que pode levá-lo a grandes alturas ou colocá-lo para baixo. Paixão e emoção são energias que podem impulsioná-lo ou podem ser direcionadas para os objetivos que deseja.

O ascendente em Câncer concede o poder de usar suas emoções ou a energia emocional de outras pessoas para sua magia. Embora possa conduzir uma ampla gama de energias para abastecer sua magia, aumentar o poder através da emoção é o mais simples. Seu Fogo de Áries passando pela influência de Câncer lhe dá energia, isso é útil para fazer a cura emocional e acalmar os outros. Quando há uma forte necessidade, você tem um aura de influência muito persuasiva. É comum também estender seu escudo para proteger os outros.

♌

## Ascendente em Leão

Tudo sobre você é um pouco maior que viver, aparecer e brilhar. Dona de uma forte inclinação para se tornar a estrela da história e a guerreira brilhante que salva o dia, a ariana com ascendente em

Leão faz isso por uma questão de honra e princípios; gosta do elogio que pode colher. Sua energia expansiva significa que será notada, será difícil desaparecer em segundo plano e muito provavelmente não vai querer isso. O uso natural de seu carisma e de sua autoconfiança parece algo supremo para os outros. Como resultado, é melhor estar ciente de suas ações, porque assim será vista. Independentemente do que fizer, apoiadores e odiadores estarão de plantão, então, aprenda a se concentrar nas pessoas que são importantes para você.

Os arianos sob essa influência podem reduzir o número de odiadores, certificando-se de reconhecer também o brilho de outras pessoas. Maya Angelou tinha o Sol em Áries e o ascendente em Leão. Ela compartilhou suas experiências de vida através da escrita, dança, atuação e música de tal maneira, que elevava os outros enquanto mostrava sua glória. Seja mais gentil com aqueles que estão apenas aprendendo a brilhar. A fusão de Áries e Leão torna a ariana inerentemente ensolarada e conectada à força da vida.

A ariana com este ascendente sabe estar presente em cada momento sem deixar de olhar para o futuro. Ter ascendente em Leão significa que quando você alcança o poder, o fogo responderá primeiro.

Se precisar de outros tipos de energia, terá de chegar mais longe, focar mais e ser mais específica em seu pedido. Sua aura e energia são mais brilhantes e mais estáveis do que a da maioria das pessoas, o que atrai a atenção de espíritos, divindades e assim por diante. O entendimento de que aparecer tão claramente nos outros mundos possa ser um dom ou um desafio, depende de você. O uso consciente desse brilho torna esse traço um dom.

♍

## Ascendente em Virgem

Ter ascendente em Virgem significa que a ariana não perde o ritmo, ela capta cada detalhe. Sua disposição de Áries em relação a espontaneidade é temperada pela compulsão de Virgem para que fique tudo bem. Esta combinação faz de você uma melhor avaliadora de caráter e de prováveis resultados dos cenários que você observa. Você é boa em ajudar e dar conselhos e será procurada por muitos. O único problema é saber quando precisa parar. Fique de olho nos seus limites e nos limites de outras pessoas. Se estiver com raiva, esta combinação sabe como destruir alguém com críticas.

Hipocrisia e falta de sinceridade tanto de sua parte como na dos outros são grandes gatilhos para você.

Muitas vezes há um conflito quando o entusiasmo e a moderação com este Sol e ascendente se misturam. Sempre que avança despreparada e comete erros, é particularmente severa ao julgar a si mesma. Quando encontra o equilíbrio certo entre o seu Sol e o seu ascendente, consegue ser uma curadora poderosa tanto de seus problemas como dos problemas alheios. Áries quer melhorar e se testar constantemente, e Virgem é excelente em acompanhar o progresso genuíno. Um ascendente em Virgem também confere uma abordagem mais persistente à sua rotina diária. Isso, por sua vez, significa que mais desses projetos que sua natureza de Áries coloca em movimento serão concretizados.

O ascendente em Virgem iluminado com o Fogo de Áries permite que todos os detalhes, complexidades e variações da energia ao seu redor sejam sentidos. Quando você entra em uma sala ou conhece alguém, simplesmente estende a mão e deixa seu instinto e a sua consciência informar o que precisa saber. Pessoas de Áries com este ascendente são realmente boas em descobrir onde estão os problemas em uma casa assombrada, em uma antiguidade assustadora ou nas profundezas de uma floresta.

Esse jeito de perceber o que está desequilibrado também é o que deixa essa combinação forte para fazer um trabalho de cura. Pessoas de Áries com ascendente em Virgem têm talento para abundância e magia financeira.

♎

## Ascendente em Libra

Libra e Áries são opostos um ao outro no zodíaco, então suas energias criam uma polaridade formidável. O ascendente em Libra gosta de se concentrar em outras pessoas, e o Sol em Áries tem o foco em si mesmo. O ascendente Libra é diplomático e sutil, enquanto o Sol em Áries prefere franqueza e pode ser contundente. A pessoa sob esta influência está bem ciente de todas as regras do mundo, então sabe bem por que e quando deve evitá-las ou separá-las. Se você for de Áries com ascendente em Libra, pode ser confuso para outras pessoas entenderem a facilidade com que muda de uma pessoa para outra enquanto oscila entre os estilos dos dois signos. Você pode ser elegante e polida tão facilmente quanto rebelde e ultrajante.

Felizmente, esses dois lados da sua composição não estão em desacordo quando se trata de seu forte senso de propósito de vida e justiça para si e para os outros.

Libra é mais objetivo e Áries mais subjetivo ao considerar o significado do mundo ao seu redor. Ao encontrar o ponto ideal entre as duas perspectivas, você tem maior clareza em ambos os objetivos e como alcançá-los. Ao longo dos anos, é provável que desenvolva uma atitude de viver e deixar viver. Isso diminuirá o estresse da mistura deste seu Sol e ascendente. Contanto que consiga perseguir sua felicidade e os outros não estiverem lhe causando danos, você os deixará ficar.

O ascendente em Libra com um Sol em Áries dá uma dupla dose da energia Cardinal fortemente presente em sua própria energia. Isso se presta a magia relacionada a promessas, juramentos e acordos. Quando você fala com poder ou ouve com intenção, essas palavras são inscritas com energia e enviadas voando para se tornar real e manifesta. A magia relacionada a trazer a paz ou a justiça é favorecida por esta combinação. O ascendente em Libra iluminado com o Fogo de Áries é adepto de lançar glamourices e feitiços de beleza ou carisma.

♏

## Ascendente em Escorpião

O Sol em Áries já deixa uma ariana de sangue quente, quando adicionado ao ascendente em Escorpião, isso a leva a esferas incandescentes. Normalmente, essa combinação costuma transparecer uma pessoa agressiva e intransigente, quando, em sua mente, ela está apenas se protegendo ou seguindo o seu código pessoal.

Emoções intensas são a sua norma, embora você seja boa em escondê-las quando assim quiser. Se você tem o Sol em Áries com ascendente em Escorpião, sua vibração é tão atraente que atrai as pessoas como mariposas à chama. Isso vale para romances, platônicos e conexões comerciais. Tente passar mensagens claras para as pessoas em sua vida para o bem delas e para o seu próprio bem. A menos que esteja fortemente emocionada de maneira óbvia, você pode ser difícil de ler. O orgulho na medida certa – nem pouco nem muito – é uma parte essencial de sua personalidade.

As nativas de Áries com ascendente Escorpião têm um forte impacto sobre as pessoas e será lembrada por elas, mesmo que seja um encontro curto. Com essa enorme quantidade de energia e a capacidade de afetar o mundo ao seu redor, elas preferem sempre estar no comando. Mesmo quando não exercem oficialmente o papel de líderes, ajudam a moldar as decisões. Cavar em busca de segredos e descobrir a verdade é algo que essa ariana gosta, mas tome cuidado para não suspeitar demais de todos – inclusive de si mesma.

Se você tem o ascendente em Escorpião, essa combinação torna sua energia capaz de empurrar através das barreiras mais energéticas. Você pode dissolver a ilusão ou derrubar proteções ou escudos e ver através deles até encontrar a verdade. A abertura de caminhos e a destruição de obstáculos vêm naturalmente a esta combinação. Você tem talento para fazer limpezas e banir energias ou espíritos negativos.

Com treinamento adequado, vai se sair bem na incorporação divina e no trabalho de transe. É importante fazer regularmente um trabalho de limpeza para si mesma. Ou é provável que acabe fazendo um trabalho confuso se não tiver uma aura antiaderente.

♐

## Ascendente em Sagitário

Idealistas, filosóficas e amorosamente divertidas. As nativas em Áries com ascendente em Sagitário adoram falar sobre o quadro geral e prezam por um mundo com mais liberdade. Seu Sol em Áries indica que elas sempre lutarão pelas coisas que defendem. Aprender sobre diferentes culturas e comunidades é sua intenção. Se surgir a oportunidade de viajar, se beneficiarão muito com as experiências. Quando estão animadas com algo, sentem a necessidade de compartilhar isso com todos. Costumam ser boas professoras, vendedoras, promotoras, clericais ou em qualquer tarefa que envolva compartilhar os melhores pontos sobre determinado tópico. A ariana com ascendente em Sagitário dá a impressão de ser informada sobre qualquer assunto que fala, sendo conhecedora daquilo ou não.Manter-se fisicamente ativa a torna mais saudável. Movimento é vida para alguém com ascendente em Sagitário.

Sua necessidade de atividade e novidade pode torná-la a vida da festa, mas às vezes pode ser demais, oscilando facilmente de um discurso refinado para grosseiro, então, fique atenta ao seu público e companhia. Não se atente apenas na leitura da sala; obtenha uma confirmação direta das pessoas presentes sobre se elas estão confortáveis ou não.

O desejo do seu Sol em Áries de ser uma guerreira provavelmente surgirá como trabalho para a mudança cultural. O ascendente em Sagitário lhe dá uma dose dupla de Fogo, mas adiciona sutileza e flexibilidade ao seu Sol em Áries. Sua energia é adequada para invocar e trabalhar com seres divinos.

As oferendas que você faz a divindades, ancestrais, espíritos e assim por diante são percebidas rapidamente. Isso ocorre, porque você pode colocar sua energia e intenções em objetos com facilidade. É notório seu talento para rituais e feitiços que evocam criatividade, sabedoria e liberdade. Esta combinação dá acesso a muita energia, mas você pode sentir uma forte colisão quando acabar. Pare antes de ficar cansada demais.

♑

## Ascendente em Capricórnio

Tanto Áries quanto Capricórnio realmente precisam e querem fazer as coisas do jeito deles. Seu senso de independência e autonomia são fundamentais para a forma como você navega em sua vida. Dito isto, há mais diferenças entre os dois signos do que semelhanças.

Seu Sol em Áries acredita que se você quer algo forte o suficiente, todas as coisas são possíveis. Seu ascendente em Capricórnio é pragmático e ciente de todos os obstáculos a serem superados. Estas duas perspectivas devem entrar em acordo umas com as outras ou fazer desvios. Essa tensão nunca é resolvida, é sempre revisitada e será a fonte de grandes ideias e crescimento pessoal. Seu ascendente em Capricórnio lhe dá mais paciência e perseverança do que o normal para uma ariana. Com o Sol em Áries, sua energia quer mudar de alvo para alvo, mas o ascendente em Capricórnio dificulta de se fixar em uma meta até que ela seja alcançada.

Este aumento tende a fazer você parecer mais fria e mais contida e esconde um pouco de sua impetuosa natureza. Algumas pessoas podem pensar que você projeta arrogância, enquanto outras podem vê-la como alguém que irradia força e autoconfiança. Quando não estiver indo bem emocionalmente, é importante continuar a procurar as pessoas. Você pode ansiar por se isolar até se sentir melhor, mas isso tenderá a alongar sua melancolia.

O ascendente em Capricórnio cria uma aura e um campo de energia que é lento em atingir ritmo, mas tem um impulso incrível quando totalmente ativado. Tenha a rotina de fazer algum tipo de trabalho energético ou meditação para se aquecer antes de se envolver em Bruxaria.

Você deve subestimar suas habilidades quando não está totalmente aquecida antes de começar seu trabalho. Tente trabalhar com cristais, pedras e até mesmo recursos geográficos como montanhas, por exemplo, conforme sua magia se harmoniza com eles. Seu Fogo de Áries desperta o Cardinal na Terra de Capricórnio. Seus rituais e feitiços se beneficiam de ter uma estrutura e um plano de ação. Você ainda pode ser espontânea, porque sabe que, dependendo de onde é dirigida em seu trabalho, isso lhe dará mais liberdade para agir no momento.

♒

## Ascendente em Aquário

Esta combinação é livre, pensa no futuro e está sempre em movimento. Existe aí um amor pelo excêntrico, e se o nível de excitação cair abaixo do seu limite, a ariana com ascendente em Aquário passa para o próximo evento. Muito da energia do seu signo solar é redirecionada para a curiosidade pelo seu ascendente. Esta ariana vê o mundo de outro ângulo, vive fora da caixa e pode encontrar soluções para problemas que outros não podem ver de seu ponto de vista. E tem também certo talento para dar sentido a questões técnicas.

A aspiração de Áries para liderar ainda está presente, mas o ascendente em Aquário prefere conquistar as pessoas em vez de usar o poder sozinho para vencer. Simpatia e entusiasmo podem ser um de seus superpoderes. Quando há uma crise, essa ariana mantém a cabeça fria e detém o poder até que a emergência seja resolvida. Ela é ágil e rápida em se adaptar à medida que as circunstâncias mudam. Tende a gravitar em torno de profissões e organizações onde serve ao bem público. Sua energia guerreira de Áries é redirecionada pelo ascendente em Aquário para o bem da comunidade e da sociedade. Fica perdida quando não tem o suficiente para fazer. É quando as dúvidas começam a borbulhar. Procura até encontrar atividades ou práticas que a deixam relaxar quando não está à altura das tarefas.

O ascendente em Aquário ajuda Áries a interagir com a energia das outras pessoas com mais desprendimento e objetividade. Isso facilita o caminho no ritual de grupo e torna a adivinhação mais clara e honesta. Magia focada em chamar inspiração, criar uma comunidade e transformação pessoal são sustentadas por esta combinação. A visualização pode desempenhar um papel importante em sua magia e meditação.

Se você não é particularmente boa em visualização, então foque seu olhar em objetos em seu altar ou outros símbolos relacionados ao seu trabalho. O ascendente em Aquário é dotado a transformar ideias em realidade.

♓

## Ascendente em Peixes

A tremenda energia de Áries se levanta e sai alimentando o amor pela arte, pela música, pelos mistérios do mundo e pela fantasia em todas as suas formas. Esta ariana pode ser imensamente criativa e ter uma poderosa capacidade de imaginação e estados alterados. Uma das chaves para ser feliz e eficaz em sua vida é ser consciente do quanto é afetada pelo seu ambiente. Seu Sol em Áries gostaria de fingir que ela dirige seu próprio curso no mundo, mas seu ascendente em Peixes a conecta às marés e às influências de todo o mundo. Muita empatia e psiquismo fazem parte desta combinação, então é melhor reconhecer isso e aprender a como administrá-los.

Pessoas de Áries com ascendente em Peixes são vistas como sonhadoras, como alguém que fica facilmente distraída durante uma conversa, mas a verdade é que elas estão sintonizadas com mais do que apenas o que está acontecendo no mundo físico.

Esta ariana dá amor e carinho facilmente e de maneiras que realmente mostra que ela se importa. Apesar de ser um presente estar conectada em um nível profundo com o mundo, também pode ser provável que outros se aproveitem desse benefício. Com tempo e experiência, poderá misturar o Fogo de Áries e a Água de Peixes para se tornar verdadeiramente sábia e à vontade no mundo.

O ascendente em Peixes traz a união do último com o primeiro signo, que completa a roda do zodíaco. Se você tem esta combinação, seu poder como Bruxa flui à medida que faz magia para abrir os portões para os outros mundos. Você tem um dom especial para criar espaços sagrados e abençoar lugares. Pode fazer viagens astrais, transitar entre os dois mundos e viagens da alma em todas as formas com algum treinamento e prática.

Preste atenção aos seus sonhos, tanto dormindo quanto sonhando acordada, e faça anotações para se orientar em seu caminho. Música, canto e dança também alimentam sua magia.

## UM PRATO ADEQUADO PARA UMA ARIANA: SALMÃO AGRIDOCE PARA O SUCESSO

Dawn Aurora Hunt

* * *

Esta receita apresenta um filé de salmão levemente marinado, rapidamente selado e em seguida colocado sobre arroz integral com cebolas, couve e pepinos fatiados. Coloque coentro e cubra com kimchi e um pouco de maionese picante.

Rápida e energizante, essa refeição combina com falta de tempo – perfeito para a Bruxa de Áries que quer render o máximo de seu tempo e atingir seus objetivos. Kimchi é um repolho fermentado muito conhecido na Coreia por ser rico em nutrientes, saboroso e picante. Possui propriedades mágicas do elemento Fogo e é regido por Marte, assim como Áries, que ajuda a "ficar pra cima" e ir em direção a seus objetivos. Esse prato também inclui arroz e couve, dois alimentos poderosos para a prosperidade.

*Nota: se a sua dieta o impede de comer peixe, você pode facilmente substituir o salmão por tofu e seguir as mesmas instruções. E simples tornar esta receita sem glúten, é só escolher tamari ou outro molho de soja sem glúten.*

***Ingredientes:***

- 4 filés de salmão, com pele, cerca de 170 gramas cada
- ½ pepino grande
- ¼ cebola branca
- 2 xícaras de couve picada (sem os talos)
- 2 xícaras de arroz integral cozido de acordo com as instruções da embalagem
- 2-4 colheres de sopa de kimchi (ou mais se desejar)
- Coentro picado para decorar
- *Para a marinada:*
  - ¼ xícara de óleo de gergelim, mais 2 colheres de sopa para cozinhar
  - ¼ xícara de molho de soja
  - 1 colher de chá de vinagre de arroz
  - 2 colheres de sopa de açúcar mascavo
  - 1 colher de sopa de gengibre fresco ralado
  - 1 colher de sopa de alho fresco ralado
  - Sumo de ½ limão
- *Para a maionese picante:*
  - ½ xícara de maionese
  - 1 colher de sopa de sriracha
  - Sumo de um limão

***Preparo:***

Em um recipiente ou tigela grande, faça a marinada misturando óleo de gergelim, molho de soja, vinagre de arroz, açúcar mascavo, gengibre, alho e o sumo do limão. Coloque os filés de salmão no recipiente e cubra com a marinada. Cubra o recipiente. Deixe o salmão marinar por trinta a sessenta minutos em temperatura ambiente.

Enquanto isso, corte o pepino e a cebola em fatias finas como papel e reserve. A seguir, misture todos os ingredientes picantes da maionese e coloque na geladeira para firmar. Aqueça duas colheres de sopa de óleo de gergelim em fogo médio-alto em uma frigideira grande.

Em uma panela média, coloque um copo de água até ferver, reduza o fogo e coloque a couve na panela. Cubra e deixe cozinhar cerca de três minutos. Retire do fogo para não superaquecer, escorra a água e tampe até que esteja pronto para servir. Coloque delicadamente os filés de salmão na frigideira quente com a pele voltada para baixo. Cozinhe por três minutos. Vire delicadamente o salmão e cozinhe por mais três minutos ou até que esteja no ponto desejado. Para cada porção, coloque meia xícara de arroz cozido em uma tigela, cubra com a couve e, em seguida, cubra a couve com um filé de salmão cozido. Cubra com pepinos fatiados, cebolas, kimchi e coentro. Regue a maionese picante por cima e sirva imediatamente.

ÁRIES
ÁRIES
ÁRIES
ÁRIES
ÁRIES
ÁRIES

# RECARGA E AUTOCUIDADO: QUANDO O FOGO ENFRAQUECE

Diotima Mantineia

Existem duas razões comuns para uma Bruxa de Áries precisar de uma recarga – elas se esgotaram ou alguém apagou seu Fogo. De qualquer maneira, uma ariana cansada é aquela cujo fogo está queimando baixo, o que significa que é tempo para um pouco de descanso e relaxamento.

Espere, o quê?! Áries, descansando e relaxando?! Não. Somos mais propensas a continuar até cairmos. O que não é nada divertido e também um pouco humilhante. Então, vejamos algumas maneiras de recarregar que não envolvam reclinar languidamente desmaiada no sofá como uma donzela vitoriana ou cair morta por pura exaustão.

O esgotamento (*Burnout*) é provavelmente o mais comum dos dois cenários para uma nascida em Áries. Nosso entusiasmo pela vida em geral e principalmente para fazer as coisas acontecerem no mundo nos prepara para isso.

Um cenário clássico de esgotamento para mim é em festivais e convenções. O entusiasmo é uma marca registrada de Áries, e meus entusiasmos me levam da sala de aula ao espaço ritual, para eventos sociais e de volta para a sala de aula novamente. Dormir? Por que eu iria querer fazer isso? Até, é claro, o inevitável acontecer e meu corpo exigir descanso de uma forma que não posso ignorar.

Ao longo dos anos, tenho participado desses eventos e aprendido alguns truques para administrar minha energia. Aqui estão meus truques de Áries focados em passar por um evento sem me esgotar. Isso não vale somente para eventos. São úteis sempre que corremos o risco de esgotamento.

## Alimentando o Fogo que se Consome

A chave é aprender a controlar seu fogo interior – seu entusiasmo e sua energia vão somente levar você bem longe antes do combustível acabar. Aqui está como ter a certeza de que você tem energia para fazer tudo aquilo que quiser.

- Primeiro, planeje com antecedência. Tenha um plano de ação. Eu defino minhas expectativas desde o início, decidindo o que é importante e o que mais quero vivenciar neste evento. Há palestrantes que eu realmente quero ver? Têm muitos amigos lá com quem eu quero conversar? Existem certos rituais que eu sei que definitivamente quero participar? Quanto de sono eu sei que vou precisar e quando vou conseguir dormir? Conhecer minhas prioridades ajuda a planejar meus momentos livres de lazer entre elas. (Isso também vale para a sua vida diária!)
- O segundo passo é anotar as prioridades. Uma pessoa de Áries geralmente prefere ser espontânea e tende a recusar qualquer coisa que se assemelhe a um cronograma, porque isso pode limitar nossas opções de ir aonde quer que os impulsos do momento nos levem. Mas nós aprendemos desde o início que os planos podem ser úteis, e não há regra que diz que você não pode tornar o planejamento divertido e criativo! Vá em frente, pegue os giz de cera, marcadores e notas adesivas grandes que você possa colocar na parede ou brinque com um calendário on-line sofisticado, faça o que funciona melhor para você. Apenas solidifique essas prioridades no papel ou em pixels para não perder de vista o que é mais importante quando estiver no meio de todas as possibilidades empolgantes e distrativas ao seu redor.

- Limpeza, proteção e bênção são algumas das ferramentas mais importantes no kit de ferramentas da Bruxa. Não deixe suas práticas diárias em casa. Eu tenho qualquer material e ferramentas mágicas que uso também em tamanho viagem. Gerenciar conscientemente sua energia pessoal e a energia do seu espaço é fundamental para prevenir o esgotamento. Descobri que as Bruxas de Áries tendem a enfatizar demais a limpeza e a proteção ao invés de dedicar tempo para as bênçãos. No entanto, especialmente quando estiver tentando evitar ou se recuperar do esgotamento, a parte da bênção é crucial para restaurar seu poder. Tome banhos revigorantes com ervas ou poções restauradoras, acenda uma ou duas velas e repita quaisquer invocações/afirmações/orações que possam trazê-la para aquela estação interna de recarga, onde poderá receber as energias restaurativas e as bênçãos que o Universo lhe presenteia.

- Aterre no solo. Talvez você trabalhe com espíritos da Terra; talvez esteja apenas buscando sentir a ressonância do Planeta e precisando sintonizar sua energia para isso. Não importa qual abordagem nós tomamos, a Terra contém a todos nós, ela nos provê e oferece tanto uma fonte de poder mágico quanto um repositório para o excesso de energia. A ressonância e os espíritos da Terra mudam de lugar para lugar, prestar atenção nisso é muito importante quando a gente transita – não só de casa para o trabalho, mas especialmente em um evento de orientação mágica. Oferendas ajudam com isso. Tenho a certeza de que deixei vários viajantes coçando a cabeça ao me ver espalhando um pouco de fubá e despejando água em qualquer pedaço de terra descoberto que eu encontrasse no estacionamento de um hotel. Os espíritos da terra muitas vezes parecem surpresos também – é raro os humanos reconhecê-los –, mas com certeza eles ficam agradecidos!

Ouça seu corpo e honre suas necessidades. Nós, do signo de Áries, geralmente temos essa convicção subjacente de que toda a energia do Universo está disponível para nós a qualquer momento. E talvez devesse estar (eu não vou argumentar com isso!), mas nosso corpo continuará a nos provar que não. Descanso, comida e água não são opcionais. Banhos quentes com ervas relaxantes e restauradoras como lavanda, camomila, urtiga e alecrim ajudará, principalmente se você abençoar as ervas e a água enquanto prepara o banho.

## Alimentando o Fogo que foi Extinto

Às vezes, seu fogo pode sair por causa de algum tipo de contratempo emocional, que pode ou não ser acompanhado por circunstâncias externas estressantes. Um pesado clima emocional muitas vezes vai colocar seu fogo interior para fora, e ele terá de ser reconstruído, não apenas gerenciado. Quando seu fogo é apagado, não ocorre apenas um componente emocional, mas muitas vezes uma sensação de desconexão espiritual, isso também precisa ser abordado. Portanto, embora os conselhos acima sobre limpeza, bênção e conexão com a terra ainda sejam válidos, no caso de uma situação emocional que está pesando sobre você, existem outras abordagens que pode querer explorar.

Se a agitação emocional for muito séria, conectar-se com um terapeuta ou um amigo que irá ajudá-la a trabalhar isso pode ser o primeiro passo. Mas se estiver apenas se sentindo um pouco "pra baixo", você vai preferir fazer algo agora e falar sobre isso depois, aqui estão algumas ideias:

- Encontre algum fogo de verdade – uma vela, uma fogueira ou até mesmo a luz do sol – e aproveite-o. Visualize as chamas dançantes enviando energia para você, para cada célula do seu corpo. Sinta seu calor curativo.
- Mexa-se! O exercício é restaurador para Áries – somos mais felizes quando estamos em movimento. Eu amo dançar, então se eu estiver me sentindo "pra baixo", vou colocar uma playlist que sei que será difícil resistir e me soltar. Se dançar não é sua praia, experimente uma caminhada ao ar livre, uma sessão de ioga ou tai chi, ou qualquer esporte que você goste; isso ajudará a reacender o seu fogo.
- Certifique-se de que seu ambiente está ajudando e não atrapalhando você. Caso não tenha feito uma limpeza e bênção em casa recentemente, seria bom fazer isso agora. Abra as janelas o máximo que puder e o clima permitir. Acenda algumas velas. Compre algumas flores e pense nelas como uma oferenda para você mesma.
- Renove seu altar! Primeiro, remova qualquer coisa que não seja uma parte ativa de suas práticas atuais/trabalhos/ofertas. Coisas velhas por aí são um ímã para energia insalubre. Lave qualquer tecido que você use, tire o pó e, claro, como está desmontando o seu altar, você vai querer se concentrar em desconvidar

quaisquer energias desarmoniosas que se acumularam ao redor dele. Ao remontá-lo, conecte-se com ele e acolha quaisquer espíritos ou divindades com a qual você trabalha com regularidade. Agora seu espaço está funcionando, pronto para curar e restaurar seu corpo e sua mente.

Reúna-se com alguns amigos e divirta-se. Quando estamos tristes, uma festa, uma visita ao bar favorito ou a um local de música, ou apenas sair com pessoas de quem gostamos e que se importam conosco é o caminho certo para nos restaurar. Idealmente, seus amigos também serão Bruxos, porque então não fazer um pouco de magia juntos. De volta aos dias em que eu trabalhava como garçonete, eu tinha uma colega de trabalho/amiga/Bruxa, e muitas vezes nós definíamos uma intenção para o nosso turno, como fazer um tanto número de pessoas sorrirem quanto possível, por exemplo. Nós tecíamos nossa energia juntas e pensávamos sobre todas as coisas em nossas vidas que nos fizeram felizes, que nos fizeram sorrir. Então tínhamos a certeza de levar um pouco dessa energia conosco para cada mesa. Você não precisa ser um prestador de serviços para trabalhar neste feitiço, e é incrível a diferença que isso pode fazer quando duas ou mais Bruxas trabalham juntas. Dependendo de onde estiver indo e quanto trabalho que você e seus amigos estão dispostos a fazer nele, um sigilo pode ser criado para ser desenhado em uma mesa usando água, ou no ar por onde quer que vá, ou ter um óleo energizado que todos usem. Se houver uma vela na mesa, coloque um pouco dessa energia nela e deixe queimando em segurança mesmo depois de sair. A alegria é contagiante e você descobre que se espalhar alguma ao seu redor, ela virá de volta multiplicada.

### *Seu Signo Oposto Pode Ajudar*

No grande círculo do zodíaco, os signos opostos têm lições semelhantes para aprender, mas eles se aproximam desse aprendizado por diferentes ângulos. Sempre que se sentir bloqueada, estressada, esgotada ou apenas um pouco "pra baixo", muitas vezes a cura para o que a aflige pode ser encontrada invocando os pontos fortes de seu signo oposto. No caso de Áries, Libra. Por exemplo:

- Áries tem tudo a ver com individualidade e ser capaz de seguir sozinho. Libra nos lembra das alegrias do relacionamento e de que os outros podem nos apoiar, se deixarmos eles fazerem isso.
- Áries tende a enfrentar os problemas com grande coragem e determinação de aço. Libra nos lembra que alguns problemas só precisam um pouco de tempo e diplomacia para desaparecer.
- Áries coloca muita energia para criar, para fazer algo no mundo. Libra nos lembra de apreciar o que foi criado, de relaxar e absorver a beleza que nos rodeia.

Mas a principal lição que podemos aprender com Libra é encontrar equilíbrio. As Bruxas de Áries derramarão entusiasticamente energia em seus feitiços e em outros projetos, e se não estivermos prestando atenção em quanta energia estamos gastando versus quanta energia estamos absorvendo, vamos nos exaurir.

A magia é uma busca que consome muita energia. Às vezes ela vai nos energizar, às vezes vai nos esgotar, às vezes apenas vai mudar nossa energia pessoal para diferentes reinos, então, quando emergimos de um espaço mágico, precisamos ajustar nossos corpos sutis de volta à ressonância com a realidade comum, como um cachorro sacudindo seu pelo para voltar tudo ao seu devido lugar.

As Bruxas de Áries, no auge do entusiasmo (como costumamos ser) podem despejar uma quantidade enorme de energia em um ritual, ou feitiço, ou qualquer projeto favorito antes de percebermos que talvez tenhamos exagerado. Lembrando que, levar o tempo que precisamos para nos sintonizarmos e nos recarregarmos garantirá que tenhamos a energia necessária para nos envolvermos totalmente com a vida e a magia em nosso inimitável jeito de Áries.

# FEITIÇO PARA A CONDIÇÃO FÍSICA/ACEITAÇÃO

*Por Michael Cabrera*

Este feitiço é perfeito para uma pessoa do signo de Áries que está tentando explorar a energia do seu signo solar com o intuito de ficar em melhor forma ou mesmo apenas para cuidar melhor de seu corpo, não importa o seu nível de aptidão. Faça este feitiço antes de iniciar uma nova rotina de exercícios ou geralmente como um trabalho positivo para o seu corpo. É ótimo para fazer no seu aniversário. O conceito é fazer afirmações edificantes ao seu corpo como um orgulhoso ponto de partida para qualquer esforço focado na saúde que planejou.

***Você vai precisar de:***

- 1 vela vermelha
- Óleo sangue de dragão
- Cornalina
- Um espelho (opcional)

***Instruções:***

Esteja totalmente vestida ao iniciar este feitiço.

Unte a vela vermelha com o óleo sangue de dragão. Coloque a cornalina entre você e a vela. Um espelho próximo em que possa se ver completamente é útil, mas não necessário.

Acenda a vela e diga:

*Por meu direito de primogenitura, eu invoco Áries.*

Desenhe um Pentagrama acima da vela com seu dedo dominante enquanto diz:

*Eu invoco a iniciativa, o poder, a beleza, a força e o valor de Áries.*

Visualize o Pentagrama brilhando em vermelho ardente com as características de uma ariana autorrealizada – pioneira, corajosa, disciplinada e confiante. Imagine que seu signo, Áries, já tenha conhecido as metas pessoais que você está traçando.

Com a atenção voltada ao Pentagrama, tire a roupa conscientemente você mesma, tanto quanto estiver confortável. Observe com o que o seu corpo se parece e como ele faz você se sentir. Permita a si mesma sentir tudo o que vier, sem julgamento. Tome uma respiração profunda e, na expiração, expulse esse sentimento, permitindo sentir-se vazia e pronta para ser preenchida com poder.

Então, em uma respiração profunda, preencha-se com o Pentagrama de Áries que você desenhou acima da vela, absorvendo os traços que imaginou. Imagine o Pentagrama brilhando calorosamente em sua garganta, em seguida, até sua cabeça. Ao expirar, imagine-o descendo para o seu períneo, onde é armazenado como energia para seus objetivos. Quando isso for feito, anuncie:

*Eu sou de Áries!*

Exibindo seu corpo para a cornalina, proclame com total confiança:

*Eis o corpo de uma ariana, com a iniciativa, poder, beleza e força de Áries. Um corpo digno de ser chamado de 'ariana'. Eu sou feita de uma forma impressionante!*

Observe seu corpo. Observe sua perfeição na perspectiva das palavras que acabou de usar. Permita-se sentir orgulho.

Mostre várias partes do seu corpo para a cornalina. À medida que vai mostrando diga a afirmação *Eis* com o nome de cada membro. Por exemplo, *Eis o ventre de uma ariana...* ou, *Eis os bíceps de uma nascida em Áries...* ou até mesmo, *Eis o sexo de uma pessoa que é de Áries...* Faça isso com as partes que se sente bem, mas especialmente com aquelas sobre as quais você normalmente sente algo negativo.

Quando terminar, faça uma promessa ao seu corpo:

*Prometo cuidar, respeitar, acreditar e exaltar meu corpo como ele merece.*

Apague a vela.

Leve a cornalina com você, especialmente ao fazer qualquer coisa em relação aos seus objetivos de condicionamento físico. Toda vez que pensar sobre isso ou durante os momentos de descanso, entoe:

*Contemple o corpo de uma ariana. Eu sou feita de uma forma impressionante.*

Você também pode dizer isso para partes específicas do corpo quando estiver trabalhando nelas.

# NÃO CULPE O SEU SIGNO SOLAR

Diotima Mantineia

Em meus anos como astróloga, muitas pessoas me diziam: "Eu não pareço com (o signo solar delas)!" Algumas delas estavam genuinamente confusas, outras só queriam me dizer por que elas não acreditam em Astrologia. Eu tenho algumas respostas padrão que uso em situações sociais, mas quando estou lendo para um cliente, vou um pouco mais a fundo. Inevitavelmente, sempre acabo descobrindo que essas pessoas são, de fato, como seu signo solar. Algumas podem não demonstrar isso, porque outros posicionamentos planetários em seu mapa modulam ou mesmo reprimem sua expressão. Mas nunca li para quem não era, pelo menos em algum nível, como o seu signo solar.

Isso é, majoritariamente, uma coisa boa. Mas todo signo tem seu lado sombrio e pode ser fácil entrar em ressonância com isso também. Eu não acredito que os planetas nos obriguem a fazer qualquer coisa. Mas eles certamente podem nos impelir a certos comportamentos. Então, é importante para uma Bruxa de Áries conhecer as armadilhas a que este signo está sujeito para podermos evitar cair nelas. Tenho uma boa compreensão das armadilhas de Áries, não apenas por minha própria experiência, como também a de meus clientes, incluindo aí meu pai e minha madrasta.

## Para uma Pessoa de Áries, o Amor é Sempre Jovem. E Barulhento...

Quando meu pai (um ariano) completou noventa e dois anos, ele estava viúvo e infeliz por alguns anos. Então ele conheceu Catherine (oitenta e nove anos e também de Áries) e os dois se apaixonaram perdidamente um pelo outro. O relacionamento deles não era de um silencioso companheirismo, como seria de se esperar de pessoas dessa idade. De uma maneira típica de Áries, o relacionamento deles era cheio de entusiasmo apaixonado e com declarações de amor imortal. Eu morava a apenas alguns minutos de distância e amava os dois, então todos nós passamos um bom tempo juntos. Foi uma ótima oportunidade para estudar o relacionamento e a dinâmica de uma família só de Áries.

Apesar de quaisquer declarações de amor eterno, quando dois ou mais arianos estão reunidos, alguém vai começar a gritar mais cedo ou mais tarde, e nossa família não era exceção. Arianos realmente gostam de gritar. Gritamos quando estamos com raiva, mas frequentemente gritamos sempre que queremos apenas fazer um ponto ou precisamos drenar ou descarregar alguma energia emocional. Parece que acreditamos em alto = eficaz (embora seja realmente eficaz para chamar a atenção e/ou afastar as pessoas).

Às vezes, nossos gritos são apenas uma expressão de excitação ou aprovação, mas muitas vezes é uma forma de expressão grosseira de estabelecer limites ou manipular uma situação.

Papai era um gritador costumaz. Quando irritado ou frustrado, ele começava a elevar a voz e o volume continuava a aumentar até que a situação fosse resolvida em si. Catherine, porém, era uma gritadora muito mais estratégica. Ela esperava, mas então pulava para o maior volume no máximo de tempo efetivo, levando o objeto de sua ira (geralmente meu pai) à surpresa. Ela era tão eficaz (e ele estava tão apaixonado) que às vezes ela até conseguia calá-lo.

## Controlando

Observá-los me ajudou a perceber que, embora gritar possa ser uma boa maneira de desabafar, não é muito eficaz em mudar qualquer situação que desencadeou a gritaria. A birra clássica de Áries é aperfeiçoada por volta dos dois anos de idade. Quando crescemos, a maioria de nós aprende a reprimir nossos acessos de raiva, já que eles não são socialmente aceitáveis e muitas vezes são contraproducentes, mas ainda podemos cair na armadilha da birra quando estamos nervosos. Isso porque a supressão não funciona bem com Áries. O que funciona é expandir nossa perspectiva através do que as pessoas que lidam regularmente com situações de crise chamam de "consciência situacional."

Um temperamento explosivo faz parte da alma de Áries. Nós respondemos a qualquer injustiça percebida ou a qualquer interferência em nossos planos com a velocidade da luz. Corremos em direção ao perigo em vez de fugir disso e tomaremos uma posição para defender tudo o que pensamos precisar de defesa. Como controlar nosso temperamento não é algo que fazemos bem, precisamos aprender a canalizá-lo para maneiras produtivas.

Lembra do que mencionei anteriormente sobre a raiva ser uma bandeira vermelha? Bem, gritar é uma bandeira vermelha de que a pessoa provavelmente já está zangada e entrando em território de birra. Apesar de requerer algum treinamento e prática, é possível aprender a deixar que essas bandeiras vermelhas desencadeiem uma mudança para a consciência situacional. Em vez de gritar ou atacar, podemos imediatamente redirecionar nossa consciência para avaliar nosso entorno e determinar a melhor ação a ser tomada em resposta. O treinamento em qualquer prática que ajude a desenvolver a consciência situacional nos ajudará a transformar nosso temperamento explosivo em uma ferramenta em vez de uma clava.

As práticas que funcionaram para mim foram meditação, magia, dança e artes marciais. Meditação e treinamento mágico me ajudaram a desvendar alguns dos processos internos que estavam interferindo com a consciência clara. Dança e artes marciais me ajudaram a estar mais presente e a aprender a ouvir meu corpo.

A consciência situacional requer consciência de si mesmo em estado interno (você faz parte da situação), de seu corpo e de sua localização dentro do espaço ao seu redor. Também requer consciência de outras pessoas no mesmo espaço, avaliando, tanto quanto possível, suas intenções, estado emocional e ações prováveis, além de quaisquer ameaças ou vantagens em seu ambiente. Aprender a usar o espaço entre um estímulo e sua resposta transforma um temperamento explosivo em uma reação rápida e – o mais importante – apropriada a tudo o que a irritou. Ela transforma a raiva em combustível para a ação, em vez de um fator de conflagração destrutiva.

Praticar quando não está com raiva ou chateada é a chave para aprender a fazer isso bem. Porque a consciência situacional não é uma atividade intelectual – não pode ser em uma situação em que é necessário uma resposta imediata. Temos que treinar nossas mentes e corpos para prestar atenção e estar prontas para responder mais rápido do que podemos pensar.

Quando você estava aprendendo a dirigir, seu instrutor não dizia para não pisar no freio e que deveria virar em determinada direção em vez de se afastar dela? Muito provavelmente você foi levada a um lugar onde poderia praticar com segurança como sair em manobra, porque apenas saber essa informação na teoria não ajuda realmente quando seu carro está rodando fora de controle. Se você treina seu corpo e cérebro através da prática, quando a situação é real, é certo reagir quase antes de perceber o que está acontecendo.

Artes marciais como Krav Maga e Kung Fu oferecem um excelente treinamento em consciência situacional. Tai chi também é uma arte marcial e uma boa opção para quem prefere algo menos fisicamente desgastante.

Você pode praticar e desenvolver essa habilidade por si só. Aqui estão algumas ideias sobre como começar:

1. Pratique a atenção plena (*mindfulness*), uma qualidade inata em humanos – nossa capacidade de estar presente no momento. Nossa mente está frequentemente pulando do passado para o futuro e de volta ao passado. Crie o hábito de trazer sua atenção totalmente de volta ao presente em intervalos regulares.
2. Ao longo do dia, reserve um momento para identificar o que está ao seu redor quando você entra em um novo espaço. Se estiver indo para uma reunião ou para uma mercearia, ou apenas voltando para casa, expanda sua consciência. Onde estão as entradas e saídas, como as pessoas estão situadas ou se movimentando, qual é a vibração geral do lugar?
3. Monitore e identifique suas emoções e pensamentos. Não apenas: "Ah, estou de mau humor". Que humor é aquele? Você está deprimido? Ressentido? Nervoso? Se você está de ótimo humor, observe o que causou isso. O que você estava pensando? É tão importante estar ciente de seus processos internos quanto do seu ambiente externo.

Os meditadores regulares desenvolvem facilmente um Observador, uma parte de sua mente que observa o que está acontecendo sem reagir. Caso seja totalmente contra ter uma prática regular de meditação, você ainda pode trabalhar no desenvolvimento do seu Observador pedindo ajuda de quaisquer espíritos ou divindades com quem trabalha regularmente, ou pode criar um amuleto ou um talismã para lembrá-lo de verificar você mesma e seu ambiente.

As Bruxas de Áries têm uma vantagem no aprendizado da conscientização situacional, porque, como Bruxas, trabalhamos ativamente no treinamento de nossas habilidades psíquicas. As habilidades intuitivas naturais de Áries podem ser treinadas para ficar correndo em segundo plano, alertando-nos sobre possíveis mudanças em nossos ambientes internos ou externos, sem nos arrastar para estados de hipervigilância ou ansiedade.

Ainda estou trabalhando em consciência situacional. É um processo de aprendizagem ao longo da vida que envolve não só aprender novas habilidades, mas superar impulsos inatos e condicionamento passado. É uma habilidade extremamente útil para uma ariana se desenvolver, vale a pena perseguir isso.

Outra percepção que tive ao assistir Papai e Catherine é que os arianos são incorrigivelmente francos e honestos. Não é que nós nunca vamos mentir, é só que não somos muito bons nisso e preferimos definir exatamente o que estamos pensando e, em seguida, dar uma cabeçada se necessário.

Na verdade, Áries gosta de bater de frente às vezes. Lembro-me de uma Véspera de Natal quando Papai e eu tivemos uma discussão bastante barulhenta sobre o que era necessário para acender o fogo corretamente na lareira. Um ponto importante da estratégia natalina, com certeza! Mas estávamos apenas brincando, e nós dois sabíamos disso. Os insultos que jogávamos para frente e para trás não eram farpados e poderiam até ser considerados engraçados – pelo menos por outro ariano. Se isso tivesse acontecido em uma reunião maior de família, no dia de Natal, teriam havido apertos de mãos entre outros membros da família e tentativas de negociar a paz. Mas quando eu olhei para Catherine, ela estava nos observando e sorrindo. Eventualmente, todos nós começamos a rir, Papai acendeu o fogo e passamos a cantar canções de Natal.

Tato não é um dos pontos fortes de Áries. É uma habilidade aprendida que ainda pode estar faltando mesmo depois de noventa e dois anos no Planeta, como Papai descobriu uma noite quando falou com Catherine de uma forma notavelmente sem tato que ela definitivamente não apreciou. Eu nunca tinha visto Catherine realmente zangada antes, e eu observei com admiração enquanto ela disse a ele, em termos inequívocos, exatamente o que ela pensou de seu comportamento e exatamente como as consequências seriam (brutais) se ele alguma vez falasse com ela assim de novo.

O olhar atordoado em seu rosto era inestimável, e ele rapidamente recuou e pediu desculpas, o que em si era um pouco incomum. Normalmente, ele pegaria a típica tática de Áries de defender sua posição até que todos os outros ficassem exaustos e desistissem. Catherine, com sua idosa sabedoria, ensinou-me muito sobre como estabelecer limites e ensinou a Papai algumas lições muito necessárias também.

A principal missão de Áries é a individuação – o desenvolvimento do Eu. Embora existam muitas culturas e restrições religiosas envolvidas em torno dos conceitos do Eu e o ego, a Bruxa não precisa se sentir presa a eles. Afinal, só por sermos Bruxas já derrubamos mais do que algumas convenções. No entanto, quando se derruba algo, é importante considerar com o que você deseja substituí-lo.

Áries tende a abrir caminho através de obstáculos e, em seguida, passar para a próxima etapa, deixando os outros para juntar os cacos. Porém, o autodesenvolvimento e a individuação exigem assumir responsabilidades por suas ações e defender aquilo em que acredita. Significa pensar cuidadosamente sobre o seu lugar no mundo, seus valores pessoais, seus desejos mais profundos e a fonte de sua magia.

A individuação não se traduz em egocentrismo. Muito pelo contrário, na verdade, requer nossa plena participação na vida e nos relacionamentos. Relacionamentos saudáveis requerem duas (ou mais) pessoas que são razoavelmente saudáveis, e um indivíduo saudável é aquele que está trabalhando para cumprir a promessa de sua alma.

Individuação significa se tornar essencialmente o melhor que puder ser. Vamos dar uma olhada em como uma Bruxa de Áries pode perseguir essa meta no capítulo "Melhor a Cada Dia"

## Ritual de Aterramento da Água para Bruxas de Fogo

Catalina Castells

Deixe-me contar uma história. Quando eu era uma jovem Bruxa, conheci um astrólogo italiano chamado Giovanni. Fomos no mesmo grupo de networking de Bruxas na Filadélfia outro dia. Ele gentilmente se ofereceu para fazer meu mapa natal e anotou minhas informações de nascimento. Cerca de duas semanas depois, recebi uma mensagem de seu telefone exigindo que eu ligasse para ele imediatamente. Ele parecia preocupado. Então eu liguei de volta quando cheguei em casa do trabalho e ele pareceu aliviado. "Eu estava preocupado que você poderia ter entrado em combustão espontânea!" ele disse.

Veja, eu não tenho absolutamente nenhum signo de Terra em meu mapa e apenas um signo de Água. Eu sou toda Ar e Fogo, com um Sol em Áries para inflamar a mistura. Ele me deu todos os tipos de informações úteis, mas a que eu realmente usei ao máximo foi isso: "Não se preocupe em tentar aterrar com Terra. Em vez disso, use a Água. Tome um banho de banheira ou uma ducha ou tome um longo gole de água fresca. Para você, é o que vai funcionar melhor".

Ao longo dos anos, isso me serviu bem. Eu realmente posso me aterrar de uma maneira mais terrena do que aprendi ao longo de anos de prática com meu Coven. Desenvolvi um ritual que faço para mim mesma quando estou exausta ou lutando para me aterrar. Este ritual funciona se você tem ou não a Terra em seu mapa.

Começo com uma vela especial. Talvez eu goste do aroma. Talvez eu tenha desenhado alguns sigilos nela. Talvez seja um presente de um ente querido. Ela só precisa ser especial. Eu acendo a vela e defino minhas intenções. Afinal, é a intenção o que mais importa! Então eu preparo ou aqueço meu banho. Ambas as maneiras funcionam igualmente bem. A vela fica à minha vista para usar como foco se minha mente começar a divagar. Se estou tomando banho imerso, posso usar um banho de espuma calmante ou sais, como baunilha ou lavanda.

Entrando na banheira ou no chuveiro, faço três respirações profundas para me centrar. Então deixo toda a energia não aterrada borbulhar dentro de mim. Se estou triste, eu choro. Se estou com raiva, eu rosno ou reclamo.

Quando consigo trazer tudo realmente à tona, começo a liberar na água. Peço à água, em voz alta se me sentir confortável, para captar a energia e drená-la na terra abaixo de mim. A água é uma condutora, como um fio de aterramento que eu uso para me conectar com a Terra. É como uma ponte entre o meu Eu ígneo e a Terra que parece distante.

A magia, para mim, acontece no ralo. Enquanto a água da banheira ou do chuveiro escoa e as últimas gotas escorrem pelo ralo, eu saio e apago a vela, agradecendo aos quatro elementos por apoiarem o meu trabalho. Antes de me secar, afirmo meu relacionamento com eles.

*Eu sou Ar.*
*Eu sou Fogo.*
*Eu sou Água.*
*Eu sou Terra.*
*Eu sou LIVRE.*

# CARTÃO POSTAL DE UMA BRUXA DE ÁRIES

Danielle Blackwood

Embora ter Sol, Lua e Marte em Áries tenha sido uma lição ao longo da vida em cultivar paciência, aprender a escolher minhas batalhas com sabedoria e contar até dez antes de pular com os dois pés também vem com seus presentes. E como eu tenho aperfeiçoado esses dons ao longo dos anos, percebi que eles têm sido parte integrante da minha prática mágica e de minha experiência como Bruxa por mais de três décadas. Então, quais dons inerentes a Áries podem ser aliados mágicos?

Áries nos ensina a tomar a iniciativa e a abrir novos caminhos. Como todas as formas de criatividade, a magia geralmente sempre carrega algum senso de risco, uma virada no ponto em que respiramos fundo, riscamos o fósforo e saímos da nossa zona de conforto para criar algo novo. Nenhum outro signo abraça novos começos e incorpora o "sinta medo, mas faça assim mesmo" como Áries.

E embora ocasionalmente possamos queimar nossos dedos, a medicina de Áries é o tônico vivificante e revitalizante que nos dá coragem para abrir novos caminhos, construir autoconfiança e agir. Essa vontade de correr riscos e abraçar novas experiências está tecida na personalidade cósmica do DNA de Áries. Eu não teria a amplitude e a profundidade de percepção que tenho como uma Bruxa de Áries nesta fase da minha vida, se não tivesse seguido algumas estradas que os anjos tem medo de trilhar.

Como primeiro signo, Áries é a centelha que começa uma vida nova. O primeiro passo na Jornada do Herói. Isso é a força irreprimível do renascimento após o inverno[3]. Áries carrega com ele o instinto de se tornar e de se autorrealizar. Trabalhar com Áries como um aliado mágico pode nos ajudar a definir algo em movimento para aproveitar o fogo da nossa paixão e direcioná-lo através da força de vontade para a manifestação.

E, finalmente, a mentalidade é parte integrante da magia. Se não fosse pelos dons de otimismo, entusiasmo e audácia, talvez nunca tivesse escrito meus livros, começado minha prática, criado o meu filho sozinha ou voltado para a escola depois dos trinta anos. Eu sou grata pelo meu impetuoso espírito de Áries, que, ao longo dos anos, tornou-se menos um incêndio florestal fora de controle e mais uma chama constante nascida de histórias reunidas ao longo de uma vida inteira de aventuras.

3. Como o princípio da Astrologia foi desenvolvido no Hemisfério Norte, essa referência se pauta no simbolismo original do Zodíaco. Note que no Hemisfério Sul, o que inclui boa parte do Brasil, a regência de Áries acontece entre o outono e o inverno.

ÁRIES
ÁRIES
ÁRIES
ÁRIES
ÁRIES
ÁRIES

# RITUAL DE ORIENTAÇÃO DO ESPÍRITO DE ÁRIES

Ivo Dominguez, Jr.

Os signos são mais do que construtos úteis na Astrologia ou categorias para descrever temperamentos, eles também são entidades espirituais poderosas e complicadas. Então, o que queremos dizer quando falamos que um signo é um "espírito"? Eu frequentemente descrevo os signos do zodíaco como as doze formas da sabedoria humana e da loucura. Os signos são doze estilos da consciência humana, o que também significa que eles são mentes grupais e egrégoras bem desenvolvidas. Pense na miríade de pessoas ao longo de milhares de anos que despejaram energia nas construções dos signos através da visualização intencional e dos estudos. Além disso, a experiência vivida por cada pessoa como um dos signos são depositadas nas mentes grupais e egrégoras dos signos delas; eles são animados. Todo ariano que já viveu ou está vivendo contribui para o espírito de Áries.

Signos têm natureza composta, o que lhes permite existir em muitas formas em múltiplos planos de realidade ao mesmo tempo. Além da contribuição humana para sua existência, os espíritos dos signos são feitos de contribuições de todos os seres vivos em nosso mundo, sejam eles feitos de matéria densa ou substâncias espirituais. Estas vastas e antigas formas de pensamento que se tornaram mentes grupais e então egrégoras, também são vasos que podem ser usados por seres divinos para se comunicarem com os humanos. Os espíritos dos signos podem se manifestar tão pequenos quanto uma fada ou maior que a Terra. A forma e a magnitude do espírito de Áries emergindo diante de você vai depender de quem você é e de como e por que você os invoca.

## Finalidade e Uso

Este ritual permitirá que você comungue com o espírito de Áries. A forma que o espírito assumirá será diferente a cada vez que realizar o ritual. O que vai aparecer será determinado por aquilo que estiver buscando e pelo seu estado de espírito ou de alma. O processo de preparação para o ritual também será benéfico para você.Explorar suas circunstâncias, motivações e intenções é uma experiência valiosa, esteja você realizando o ritual ou não.

Se você tiver um problema prático que está tentando resolver ou um obstáculo que precisa superar, o espírito de Áries pode oferecer conselhos úteis. Se estiver tentando entender melhor quem você é e o que está buscando realizar, então o espírito de Áries pode ser seu mentor. Se precisar recarregar-se ou liberar energia obsoleta, você pode usar este ritual para se reconectar com uma forte corrente clara de poder que seja compatível com sua essência. Esta energia pode ser usada para magia de fortalecimento, vitalidade física ou cura, ou pode ser redirecionada para um trabalho mágico. Caso esteja carregando objetos ou implementos mágicos com energia de Áries, este ritual também pode ser usado para este fim.

## Momento Certo para o Ritual

As condições astrológicas prevalecentes têm um impacto sobre como você experimenta determinada prática, incluindo o tipo e a quantidade de energia disponível, bem como os resultados do trabalho. Se você decidir aprofundar seus estudos de Astrologia, encontrará muitas técnicas para escolher o melhor dia e hora para seus rituais. Felizmente, para encontrar o espírito do seu signo não requer um horário exato ou condições astrológicas perfeitas.

Este ritual depende de sua conexão interna com seu signo solar, por isso não depende tanto das condições celestiais externas quanto alguns outros métodos. Cada ser possui diversos mundos dentro de si mesmo que incluem paisagens e céus interiores. Seu mapa astral e o céu que ele retrata ardem mais brilhantemente dentro de você. Embora não seja necessário, você pode melhorar a eficácia deste ritual se usar qualquer uma das seguintes orientações para tempos favoráveis:

- Quando a Lua ou o Sol estiver em Áries.
- Quando Marte estiver em Áries.
- Às terças-feiras, dia de Marte. Melhor ao amanhecer, que é sua hora planetária.
- Quando Marte estiver em Capricórnio, onde ele é exaltado.

## Materiais e Montagem

A seguir está uma descrição dos objetos físicos que facilitarão a realização deste ritual.

Não se preocupe se não tiver todos eles; pode improvisar, adereços não são obrigatórios. No entanto, os objetos físicos podem auxiliar a ancorar sua energia e seu foco mental.

***Você vai precisar de:***

- Uma cópia impressa do seu mapa astral
- Uma mesa para servir de altar
- Uma cadeira se quiser se sentar durante o ritual
- Uma vela, de preferência vermelha, mas qualquer cor vai funcionar. Por segurança contra incêndio, a vela deve ser acesa em um copo, em um prato ou numa bandeja.
- Uma variedade de itens para o altar correspondentes a Áries ou a Marte. Por exemplo, uma cornalina ou um jaspe-vermelho, pimenta-caiena ou pimenta-do-reino e uma flor vermelha.
- Um bloco de papel e uma caneta ou giz. Um pequeno quadro-negro, ou qualquer outra coisa que possa usar para desenhar um glifo.

Antes de iniciar o ritual, considere copiar as invocações em um papel ou marcar este capítulo e trazer o livro para o espaço mágico. O processo de escrever a invocação, seja à mão, seja digitada, pode ajudar a estabelecer uma conexão mais profunda com as palavras e seu significado. Se possível, posicione a mesa do altar no centro do seu espaço ou o mais próximo possível do leste que conseguir.

Agora, acenda a vela e coloque-a no altar. Disponha o seu mapa astral impresso ao lado da vela no altar e arrume os itens que escolher para ancorar a energia de Áries e Marte ao seu redor. Do lado oposto da vela, coloque o bloco e a caneta. Certifique-se de desligar o telefone, fechar as portas, as cortinas ou tomar outras medidas necessárias para evitar distrações.

## Ritual para Encontrar o Espírito do seu Signo

Você pode ficar em pé ou sentada – o que for mais confortável. Comece concentrando-se em sua respiração. Ao prestar atenção no processo respiratório, você se torna mais consciente do seu corpo, do fluxo de sua energia vital e do equilíbrio entre ações conscientes e inconscientes. Depois de praticar por cerca de um minuto, é hora de mudar para respiração quádrupla, que consiste em quatro fases: inspirar, encher os pulmões, expirar e esvaziar os pulmões.

Estabeleça que o tempo de cada uma das quatro fases tenha a mesma duração. Tente uma contagem de quatro ou cinco em seus primeiros esforços. Dependendo da capacidade dos seus pulmões e do quão rápido você conta, pode precisar ajustar o número para mais ou para menos.

Quando você prender a respiração, segure-a com os músculos do abdômen, não com a garganta. Durante a respiração quádrupla, mantenha a garganta relaxada ao prender a respiração. Seja gentil e cuide melhor de si mesma, especialmente se tiver asma, pressão alta, estiver no final da gravidez ou em qualquer outra condição que possa afetar sua respiração e pressão arterial.

Geralmente, as dificuldades surgem durante as fases de encher ou esvaziar os pulmões. Isso ocorre pela compressão excessiva dos pulmões ou a retenção do ar ao apertar a garganta. Os pulmões cheios e vazios devem ser mantidos pela posição do diafragma, mantendo as vias aéreas abertas.

Agora, feche os olhos e leve sua consciência para o centro do seu peito. Continue o processo de aterramento e centralização, relaxando e abrindo-se, entrando no estado alfa ou em qualquer outro estado mental que você use para dar suporte ao trabalho ritual.

Em seguida, mergulhe profundamente dentro de si mesma e visualize um fogo. As chamas podem estar em uma lareira, em uma fogueira, em uma tocha ou o que quer que pareça certo para você. Olhe as chamas dançantes, ouça o crepitar e sinta o calor. Estenda a mão para aquele fogo central e desperte todos os lugares e espaços dentro de você que são de Áries. Quando se sentir pronta, abra os olhos.

***Construção Zodiacal***

Se estiver sentada, levante-se, se puder, e fique de frente para o Leste. Leia lentamente esta invocação em voz alta, colocando alguma energia em suas palavras.

À medida que prossegue, gire lentamente no sentido anti-horário até completar um círculo quando chegar à última linha. Como alternativa, você pode colocar sua mão sobre a cabeça e traçar um círculo do zodíaco com o dedo, também no sentido anti-horário.

*Eu invoco os doze para se juntarem a mim neste rito.*
*Eu invoco Áries e o poder da coragem.*
*Eu invoco Touro e o poder da estabilidade.*
*Eu invoco Gêmeos e o poder da versatilidade.*
*Eu invoco Câncer e o poder da proteção.*
*Eu invoco Leão e o poder da vontade.*
*Eu invoco Virgem e o poder do discernimento.*
*Eu invoco Libra e o poder da harmonia.*
*Eu invoco Escorpião e o poder da renovação.*
*Eu invoco Sagitário e o poder da visão.*
*Eu invoco Capricórnio e o poder da responsabilidade.*
*Eu invoco Aquário e o poder da inovação.*
*Eu invoco Peixes e o poder da compaixão.*
*O poder dos doze está aqui.*
*Blessed Be!*

Respire fundo algumas vezes e olhe para a chama da vela. Fique atenta às mudanças na atmosfera ao seu redor e à presença dos doze signos.

***Trabalho no Altar***

Pegue o seu mapa astral impresso e observe atentamente. Com seu dedo, toque cada uma das doze casas do mapa e infunda energia nelas. Você está energizando e despertando seu mapa astral para atuar como um ponto focal de poder no altar. Quando sentir que terminou, retorne o mapa ao altar. Em seguida, pegue o bloco de papel e a caneta e escreva o glifo para Áries várias vezes. s glifos podem variar em tamanho e sobrepor-se uns aos outros – você pode criar qualquer padrão que desejar, contanto que concentre energia na tinta enquanto escreve. Escrever o glifo é uma ação que ajuda a atrair o interesse do espírito de Áries. Periodicamente, olhe para a chama da vela enquanto continua a escrever o glifo. Se você começar a sentir sensações em seu corpo, como formigamento com choquinhos, calor, calafrios, ou algo que associe à aproximação de um espírito, é hora de passar para a próxima etapa.

Caso essas sensações forem novas para você, apenas siga seu instinto.

Quando sentir que é o momento adequado, guarde a caneta e o papel e pegue a folha com a invocação de Áries.

***Invocando Áries***

Antes de começar, pense no que espera realizar neste ritual e porque isso é importante para você. Então fale estas linhas lentamente e com convicção.

*Áries, ouça-me, pois nasci no*
*rugido do Fogo Cardinal.*
*Áries, veja-me, pois o Sol de*
*Áries brilha sobre mim.*
*Áries, reconheça-me como um membro*
*de sua família e de seus negócios.*
*Áries, reconheça-me como sua*
*aluna e sua protegida.*
*Áries, reconheça-me como um*
*canal para o seu poder.*
*Áries, reconheça-me como uma*
*portadora de sua magia.*
*Eu pertenço a você e você me pertence.*
*Eu pertenço a você e você me pertence.*
*Eu pertenço a você e você me pertence.*
*Áries está aqui, dentro e fora.*
*Blessed Be!*

***Seus Pedidos***

Agora, olhe para a vela durante várias respirações profundas e, em silêncio ou em voz alta, dê as boas-vindas ao espírito de Áries. Feche os olhos e peça qualquer orientação que possa ser benéfica para você. Esteja aberta para ouvir. Este processo pode levar algum tempo, então tenha paciência. Receber orientação antes de fazer um pedido pode ser valioso, permitindo que você refine ou modifique suas intenções e resultados. Considere o significado de qualquer impressões ou orientações recebidas e reafirme suas intenções e resultados desejados para este ritual.

É mais eficaz usar vários modos de comunicação para fazer o seu pedido. Fale silenciosamente ou em voz alta as palavras que descrevem sua necessidade e como ela poderia ser resolvida. Visualize a mesma mensagem, mas sem as palavras, e projete as imagens em sua tela mental. Em seguida, coloque toda a sua atenção em seus sentimentos e nas sensações corporais que foram despertadas ao contemplar seu apelo ao espírito de Áries. Mais uma vez, espere e use todo o seu físico e sentidos psíquicos para perceber o que lhe é dado. Neste ponto do ritual, se houver objetos a serem energizados, toque-os ou foque seu olhar neles.

### *Ofereça Gratidão*

Independentemente de estar certa ou não sobre o sucesso do ritual ou o prazo para os resultados se manifestarem, é sempre uma boa prática expressar gratidão pela presença do espírito de Áries e pelo seu próprio empenho no trabalho. Esse estado de espírito pode facilitar a manifestação do trabalho realizado e servir como um amortecedor contra quaisquer consequências não intencionais que possam surgir do ritual.

### *Finalize o Ritual*

Se possível, fique em pé e vire-se para o Leste. Gire lentamente no sentido horário até completar o círculo enquanto repete o seguinte texto, ou algo similar.

*Retorne, retorne, ó, roda giratória*
*para a sua casa estrelada.*
*Adeus, adeus, ó, Áries brilhante,*
*até nos falarmos de novo.*

Outra opção ao dizer essas palavras é colocar a mão sobre a cabeça e traçar uma linha no sentido horário do círculo do zodíaco com o dedo. Quando tiver terminado, apague a vela no altar e diga.

*Está feito. Está feito. Está feito.*

## Após o Ritual

Eu encorajo você a registrar seus pensamentos e observações que surgirem durante o ritual. Faça isso enquanto ainda está tudo fresco em sua mente, antes que os detalhes comecem a se dissipar. Essas informações se tornarão mais úteis ao longo do tempo, à medida que você trabalha mais com o espírito de Áries. Isso também vai permitir que você avalie os resultados de seus esforços e melhore seu processo em futuros trabalhos. Anotar ou registrar em um diário também será útil para ajustar quaisquer mudanças ou refinamentos neste ritual para uso futuro. Dependendo da orientação que receber ou dos resultados desejados, pode ser útil adicionar lembretes em seu calendário.

## Mais Opções

Estas são algumas variações deste ritual que você pode querer tentar:

- Reúna ou adquira incensos do signo de Áries para queimar durante o ritual. Um óleo de Áries para ungir a vela é outra possibilidade. Estou fornecendo a seguir uma das minhas receitas de óleo como uma opção.

- Monte um altar mais rico e significativo. Além de adicionar mais objetos que ressoam com a energia de Áries ou de Marte, consagre cada objeto antes do ritual. Você também pode querer colocar um tecido no altar em uma mesa que lembre Áries, Marte ou o elemento Fogo.
- Criar um sigilo para concentrar a essência do que você está trabalhando pode ser um bom complemento para o altar.
- Considere adicionar cânticos, entoando-os de forma livre, ou faça movimentos para aumentar a energia direcionada ao trabalho no altar e/ou para invocar Áries.
- Se sentir-se inspirada, escreva suas próprias invocações para convidar o zodíaco e/ou invocar Áries. Personalizar o ritual desta forma pode aprofundar sua conexão com os signos e tornar o ritual mais pessoal.

Lembre-se de que os rituais têm um significado maior e são mais eficazes quando personalizados e feitos de acordo com suas próprias necessidades e intenções.

ÁRIES
ÁRIES
ÁRIES
ÁRIES
ÁRIES
ÁRIES
ÁRIES

# RECEITA DE ÓLEO DE UNÇÃO DE ÁRIES

* * *

Ivo Dominguez, Jr.

Este óleo é destinado a energizar e consagrar velas, cristais e outros objetos utilizados em sua prática. Ele facilita a imbuir um instrumento com a energia de Áries e prepara-os para canalizar sua vontade e poder como uma Bruxa de Áries. No entanto, evite aplicá-lo na pele sem realizar um teste alérgico prévio.

***Ingredientes:***

- Óleo carreador – 2 colheres de sopa (30 ml)
- Olíbano – 5 gotas
- Manjericão – 6 gotas
- Hortelã-pimenta – 4 gotas
- Sangue de dragão – 2 gotas
- Bergamota – 4 gotas

*Instruções:*

Despeje 30 ml de óleo carreador em uma pequena garrafa ou frasco. Os óleos carreadores preferidos são óleo de amêndoa ou óleo de coco fracionado, embora outros também possam ser utilizados. Idealmente, óleos essenciais são os mais recomendados, mas óleos perfumados podem ser substitutos viáveis. Adicione as gotas dos óleos essenciais no óleo carreador e tampe bem o frasco, agitando-o várias vezes. Segure o frasco entre suas mãos, respire fundo e despeje energia no óleo.

Visualize a energia vermelha e o glifo de Áries. Repita a palavra "Áries" e aumente a energia da maneira que desejar. Continue até que o óleo fique quente e pareça brilhar, ou até quando sentir que ele está energizado.

Rotule o frasco e armazene o óleo em um local fresco e escuro. Considere manter um pouco de cada lote anterior de óleo para adicionar ao que foi feito recentemente.

Isso vai ajudar a fortalecer a continuidade da energia e das intenções colocadas no óleo. Com o tempo, essa conexão torna seus óleos mais poderosos.

# MELHOR A CADA DIA: O CAMINHO A SEGUIR

Diotima Mantineia

O ofício da Bruxa é uma jornada de aprendizagem e prática ao longo da vida. É um caminho de conexão com o mundo ao nosso redor em níveis sutis e mágicos. Conduzir energia nesses níveis nos permite brincar com a realidade, dobrá-la e moldá-la de forma cocriativa, para se tornar o artista de nossa vida.

E como qualquer artista lhe dirá, a arte exige constante vigilância – um compromisso envolvido tanto com o físico quanto com as realidades espirituais.

Com a abundância de informações sobre os diversos ramos da Bruxaria que estão disponíveis para nós, pode ser difícil decidir como estruturar uma prática mágica e espiritual que nos apoiará e ajudará a nos tornar artistas melhores, Bruxas melhores e humanos melhores.

Muitos anos trabalhando com clientes na Astrologia me confirmaram o que aprendi no início de meus estudos: o Sol está sempre no centro de um mapa e devemos ativamente nos envolver com nosso signo Solar para orientar a jornada de nossa vida. Para a Bruxa de Áries, isso envolve trabalhar com o Arquétipo do Guerreiro.

## Cativando o Guerreiro

Cerca de dois anos depois de abrir minha livraria mágica, uma escola de kung fu se mudou para a loja ao lado da minha. Comecei a fazer aulas lá e, para mim, foi uma mudança de vida. Aprender esta antiga arte marcial chinesa redefiniu meu relacionamento com meu corpo e com o mundo ao meu redor. Mas principalmente mudou minha compreensão do Arquétipo do Guerreiro e me deu uma apreciação mais profunda da filosofia por trás dele – adequada para ajudar a Bruxa de Áries a aproveitar ao máximo suas habilidades naturais.

Eu sabia há anos que o Guerreiro era um elemento essencial do arquétipo de Áries – afinal, o próprio signo recebeu o nome de Ares, o Deus Grego da Guerra, e Marte, planeta regente de Áries, recebeu o nome do Deus Romano da Guerra. Mas como mulher, eu particularmente nunca tinha me sentido confortável com essa associação. A cultura dos anos 1950 e 1960 em que fui criada desaprovava mulheres assertivas – os homens deveriam lutar por nós. Então, não havia modelo para as mulheres aprenderem a lutar, exceto a Mulher Maravilha, que era, afinal, uma personagem de quadrinhos.

Além disso, eu era uma criança da era da "paz e amor" – uma firme defensora do axioma popular na época (e ainda verdadeiro) do adesivo de para-choque "Guerra não é saudável para crianças e outras formas de vida". Eu marchava pela paz, depois ia para aulas de ioga onde entoava e meditava pela paz interior.

Mas como tantos outros da minha geração, eventos tanto atuais quanto pessoais me levaram à conclusão de que a paz é algo que deve ser defendida. O que amamos é pelo que estamos dispostos a lutar. É o que defenderemos. Essa defesa, no entanto, não requer necessariamente pegar em armas. O que ela exige é a habilidade, a disciplina e a filosofia do Guerreiro.

Todo mundo tem o signo de Áries em seu mapa natal. Todo mundo tem pelo menos um pouco da energia do Guerreiro. Mas para um Sol em Áries, essa é uma parte central do nosso Eu. Não podemos ignorar ou suprimir isto. Se não perseguirmos e integrarmos os atributos positivos, o poder e a visão do Guerreiro, ficamos mais propensos a viver seus aspectos negativos, porque está no cerne de quem somos.

O Guerreiro protege o que valoriza, acolhe e enfrenta um desafio e está disposto a lutar pelo que acredita que está certo. Mas se eles são movidos por uma necessidade de poder desvinculada de valores pessoais profundamente arraigados e realidade espiritual, é aí que vemos o lado sombrio que abrange tudo, desde os horrores da guerra, o colonialismo e a destruição desenfreada de culturas inteiras, até a intimidação e as explosões de raiva.

É importante para os arianos, e particularmente para as Bruxas de Áries, desenvolver conscientemente o Arquétipo do Guerreiro que vem de dentro. Primeiro, essa é uma fonte embutida de poder mágico para nós – algo que podemos ter acesso fácil, porque ressoa com o nosso Sol Natal. Mas também, porque a Bruxa muitas vezes precisa se levantar para os outros, para defender aqueles que precisam de auxílio e para estabelecer limites protetores. As Bruxas muitas vezes se veem trabalhando para destruir a injustiça, a corrupção e as teias de negatividade que impedem as pessoas de melhorarem suas vidas.

Um Guerreiro não requer força física ou habilidades de luta, embora alguns optem por desenvolver essas habilidades. Magia é a arma de uma Bruxa, e qualquer uma de nós pode escolher desenvolver suas habilidades como Guerreira. Aqui estão alguns pensamentos sobre como uma Bruxa de Áries pode desenvolver suas habilidades naturais e entrar no Arquétipo do Guerreiro.

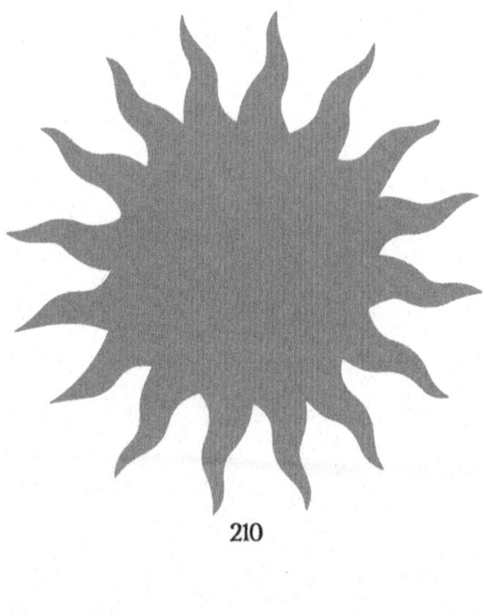

## Autodisciplina

Sou conhecida por brincar que minha única prática diária realmente sólida é minha xícara de café matinal, e às vezes até isso eu pulo. Você também pode achar difícil acompanhar a prática diária, já que Áries fica facilmente entediado e não é um grande fã de repetição constante. Mas desenvolver e manter habilidades exige repetição e compromisso em um caminho de autoaperfeiçoamento. As pessoas de Áries podem não ser fãs da repetição, mas temos uma vontade forte que nos permite o poder de, a partir do tédio, ir em busca das realizações que a prática regular pode trazer.

É preciso prática para desenvolver as habilidades que precisamos para incorporar o Guerreiro. Essas habilidades incluem consciência situacional, conhecimento e competência com quaisquer armas de sua escolha, e são rápidas, mas precisas na percepção e nas respostas a ameaças. (Lembre-se de que essas ameaças não são apenas físicas. Nem são armas. A vida é cheia de ameaças intangíveis, como manipulação emocional, conhecidos traidores, fofocas e energias psíquicas hostis, sem mencionar nossos próprios impulsos subconscientes de autossabotagem. Podemos usar magia para nos defender deles.)

Certas técnicas físicas, mágicas, espirituais e energéticas, praticadas regularmente nos trazem força, habilidades, discernimento, clareza e aumento do poder mágico, mas é preciso disciplina para fazer este trabalho. Felizmente, a disciplina é algo que pode ser desenvolvido, e há mais de uma maneira de fazer isso.

A abordagem "apenas cerre os dentes e faça" funciona para muitas pessoas. Mas gostaria de alertar que esse caminho pode levar à repressão psicológica e emocional, bem como à ignorância espiritual. Colocar todo o nosso foco em uma conformidade externa a regras – mesmo que sejam regras que inventamos para nós mesmas – pode nos permitir desligar e ignorar feridas emocionais, psicológicas e/ou espirituais reais que precisam ser curadas.

Idealmente, a autodisciplina é fundamentada no autoconhecimento e um desejo de crescimento pessoal e espiritual. Disciplina alimentada por desejo é uma coisa muito diferente de disciplina alimentada pelo medo de consequências ou pura determinação. Para chegar lá, precisamos encontrar, enfrentar e liberar os medos que estão nos impedindo. Se as demandas dos treinamento e das práticas parecem muito difíceis de manter, então pode ser hora de reavaliar essas práticas. Pode ajudar se trabalhar com um terapeuta ou mentor para remover os medos e despertar um desejo real de fazer o trabalho necessário para seguir o caminho escolhido.

## Vivendo de Acordo com Nossos Valores Essenciais

Uma Bruxa Guerreira também requer uma mente bem articulada, além de manter um conjunto de valores fundamentais. Estar ciente dos nossos valores nos ajuda a determinar se estamos usando nossas habilidades de Guerreira de uma forma que esteja totalmente de acordo com nossos princípios éticos.

Descobrir esses valores é uma jornada, não um workshop de fim de semana. Quando chegamos aos nossos valores fundamentais, eles são imutáveis. Mas nossa jornada geralmente nos leva a perceber que o que pensávamos serem valores fundamentais, não são.

São valores que foram impressos em nós quando crianças ou que assumimos quando estávamos tentando nos encaixar em um grupo. Portanto, é importante revisitar regularmente e questionar nossos valores para garantir que eles estejam firmes diante de nossas experiências de vida e nos certificarmos de que estamos vivendo nossa vida de acordo com esses valores.

Eu acho que a escuridão introspectiva da lua nova e a luz reveladora da lua cheia são bons pontos de entrada para este trabalho. Depois de configurar o espaço ritual, invocar as divindades e ajudar os espíritos com quem trabalho, eu faço uma nova lista de meus valores fundamentais ou reviso uma lista que fiz anteriormente.

Então eu trago à mente alguns dos mais memoráveis eventos das últimas duas semanas e considero se eu agi de acordo com meus valores nessas situações. Às vezes eu faço um pequeno talismã para me ajudar a manter minhas escolhas de vida alinhadas com meus valores.

## Coragem

A coragem é outro atributo essencial de uma Bruxa Guerreira. Todo mundo tem algum nível de coragem – todos nós tomamos decisões e ocasionais riscos e descobrimos que temos que enfrentar nossos medos. No entanto, assumir riscos não é o mesmo que ter coragem. Coragem significa agir quando estamos genuinamente com medo de pelo menos um resultado possível dessa ação. Significa enfrentar nossos medos e fazer o que precisa ser feito apesar dele.

Crescemos em coragem cada vez que fazemos a escolha do que é certo e aceitamos as consequências de nossas ações. Quanto mais agirmos com coragem, mais fortalecemos nossa fé em nossa capacidade de lidar com o que quer que a vida jogue em nosso caminho, assim, podemos agir com mais habilidade e perspicácia.

O Arquétipo do Guerreiro é importante para a Bruxa de Áries explorar e integrar. O que faz um guerreiro é a habilidade, a coragem, a determinação e a vontade de se envolver em conflitos a serviço de seus ideais e de sua comunidade. Uma Bruxa de Áries tem o que é preciso para se tornar a mais alta manifestação do Arquétipo do Guerreiro.

# CONCLUSÃO

Ivo Dominguez, Jr.

Espero que você esteja aproveitando o que descobriu neste livro em sua magia. Você pode ter o desejo de aprender mais sobre como a Astrologia e a Bruxaria se encaixam. Uma das melhores maneiras de fazer isso é falar sobre o assunto com outras praticantes. Procure discussões on-line e, se houver uma loja esotérica local, verifique se eles oferecem aulas ou grupos de discussão. Se não encontrar o que precisa, considere criar um grupo de estudos. Aprender mais sobre seu próprio mapa astral também é um excelente próximo passo. Alguns recursos para estudo estão listados no final deste livro.

Em algum momento, você pode querer recorrer aos serviços de um astrólogo para obter uma leitura personalizada do seu mapa astral. Existem serviços que fornecem não apenas mapas, mas leituras completas que são geradas por softwares.

Essas ferramentas são aceitáveis e mais econômicas do que um astrólogo profissional, mas faltam-lhes a sutileza e a intuição que só uma pessoa pode oferecer. Isso, porém, pode ser um bom ponto de partida. Se decidir contratar um astrólogo para fazer seu mapa, pesquise até encontrar alguém sintonizado com suas necessidades espirituais. Você pode decidir aprender Astrologia o suficiente para ler seu próprio mapa, e isso será bom por muitos motivos. No entanto, pelas mesmas razões que os leitores de Tarô procuram outra pessoa para uma leitura, isso também se aplica aos leitores astrológicos. É difícil ver algumas coisas quando você está muito apegada aos resultados.

Se você descobrir que seu interesse pela Astrologia, assim como o modo como ela influencia a conexão das pessoas com a Bruxaria, foi estimulado por este livro, é provável que aprecie também os outros livros desta série. Além disso, se estiver trabalhando com outras Bruxas, poderá descobrir que saber mais sobre como elas abordam seu ofício tornará seus esforços coletivos mais produtivos. Entendê-las melhor também ajudará a reduzir os conflitos ou mal-entendidos. O final deste livro é na verdade o início da aventura.

APÊNDICE

# CORRESPONDÊNCIAS DE ÁRIES

*21 de Março – 20 de Abril*

*Símbolo:* ♈

*Sistema Solar:* Marte, Sol

*Estações:* primavera, verão

*Dia:* terça-feira

*Celebração:* Equinócio de Primavera

*Runas:* Ehwaz, Feoh

*Elemento:* Fogo

*Cores:* rosa, vermelho, branco, amarelo

*Energia:* Yang

*Chacras:* Básico, Plexo Solar, Frontal

*Número:* 1

*Tarô:* Imperador

*Árvores:* alder, abrunheiro-negro, cedro, cerejeira, abeto, espinheiro-branco, azevinho, junípero, falsa-acácia, oliveira, palma (sangue de dragão), pinheiro, salgueiro

*Ervas e Jardim:* anêmona, angélica, manjericão, amora/espinheiro, giesta, cravo, dente-de-leão, funcho, alho, gerânio, tojo, madressilva, manjerona, hortelã-pimenta, alecrim, tomilho

*Plantas Diversas:* pimenta-da-jamaica, betônia, cardo abençoado, canela, cravo-da-índia, coentro, prímula, cominho, língua-de-veado, olíbano, galanga, gengibre, mostarda, urtiga, pimenta

*Pedras Preciosas e Minerais:* ágata (fogo), lágrima de apache, água-marinha, aventurina, jaspe-sanguíneo, cornalina, citrino, diamante, esmeralda, granada, hematita, diamante Herkimer, jade, jaspe-vermelho, lápis-lazúli, opala (fogo), quartzo (transparente), rubi, sardo, sardonyx, espinela

*Metais:* ouro, ferro, aço

*Do Oceano:* coral

*Deusas:* Anat, Badb, Cybele, Durga, Hécate, Hestia, Ishtar, Macha, Minerva, Morrigan, Sekhmet, Tiamat

*Deuses:* Amun, Ares, Belenus, Indra, Khnum, Marduk, Mars, Nergal, Rá

*Anjo:* Miguel

*Animais:* cabra, ovelha (carneiro)

*Pássaros:* falcão (de cauda vermelha), pega, coruja, tordo americano, pica-pau

*Problemas, Intenções e Poderes:* ação, ambição, raiva, assertividade, começos, negócios, confiança, coragem, desejo, emoções, energia, medo, crescimento, independência, ciúmes, liderança, vida (vitalidade), luz, luxúria, necessidades, obstáculos, otimismo, paixão, prazer, gravidez/parto, sexualidade (virilidade), cordialidade

ÁRIES
ÁRIES
ÁRIES
ÁRIES
ÁRIES
ÁRIES
ÁRIES

# FONTES

## On-line

*Astrodienst*: mapas astrais gratuitos e outros recursos.

- https://www.astro.com/horoscope

*Astrolabe*: mapas astrais gratuitos e recursos na área de software.

- https://alabe.com

*The Astrology Podcast*: podcast semanal apresentado pelo astrólogo profissional Chris Brennan.

- https://theastrologypodcast.com

## Revista

A revista de Astrologia mais reconhecida do mundo (disponível nos formatos impresso e digital).

- https://mountainastrologer.com

## Livros

- *Practical Astrology for Witches and Pagans*, de Ivo Dominguez, Jr.

- *Parkers' Astrology: The Definitive Guide to Using Astrology in Every Aspect of Your Life* de Julia and Derek Parker
- *The Inner Sky: How to Make Wiser Choices for a More Fulfilling Life* de Steven Forrest
- *Predictive Astrology: Tools to Forecast Your Life and Create Your Brightest Future* de Bernadette Brady
- *Chart Interpretation Handbook: Guidelines for Understanding the Essentials of the Birth Chart* de Stephen Arroyo

## COLABORADORES

Nossos agradecimentos e estima a todos os nossos autores convidados que contribuíram com sua própria energia especial de Áries para este projeto.

### Danielle Blackwood

Danielle Blackwood (Salt Spring Island, British Columbia) é uma astróloga profissional com mais de trinta anos de experiência, bem como uma Terapeuta de Aconselhamento Registrada (RTC) em consultório particular. Autora de *The Twelve Faces of the Goddess* e *A Lantern in the Dark*.
Visite-a em: https://danielleblackwood.com/

### Michael Cabrera

Michael Cabrera é um iniciado Feri e um Minos na Tradição Minoan Brotherhood. Autor do romance de ficção Pagã *The Wheel and the Day*. Mora atualmente na área metropolitana de Washington, DC.

## Cat Castells

Cat Castells é uma Alta Sacerdotisa de Terceiro Grau e Elder da Blue Star Tradition of Wicca. Artista gráfica, possui duas lojas de varejo e faz coisas legais em seu laser. Em seu abundante tempo livre de tudo isso, ela adora observar pássaros, assistir filmes e ler.

## Jack Chanek

Jack Chanek é um Bruxo Gardneriano e tarólogo que trabalha com as cartas desde os onze anos de idade. Ministrou workshops sobre Tarô, Cabala e Wicca em todo o país e é o autor de *Qabalah for Wiccans* e *Tarot for Real Life*. Mora em Nova Jersey, onde trabalha como filósofo acadêmico.
Visite-o em: www.JackOf WandsTarot.wordpress.com.

## Lilith Dorsey

Lilith Dorsey (Nova Orleans, LA) vem de um passado de espiritualidade celta, afro-caribenha e nativo-americana, com o compromisso de fornecer informações precisas e respeitosas sobre as Religiões Tradicionais Africanas. Tem orgulho em pertencer à diáspora Negra e possuir títulos publicados como *The African-American Ritual Cookbook; Orishas, Goddesses e Voodoo Queens; Water Magic* e o recente relançamento *Voodoo and African Traditional Religion*.
Visite-os em: https://lilithdorsey.com/.

## Dawn Aurora Hunt

Dawn Aurora Hunt, dona da Cucina Aurora Kitchen Witchery e autora de *A Kitchen Witch's Guide to Love & Romance* e *Kitchen Witchcraft for Beginners*. Embora não tenha nascido sob o signo de Áries, ela combina conhecimento de metas espirituais e ingredientes mágicos para criar receitas para todos os signos solares nesta série. Dawn é de Escorpião. Encontre-a em: www.CucinaAurora.com.

## Sandra Kynes

Sandra Kynes (Midcoast Maine) é autora de dezenove livros, incluindo *Mixing Essential Oils for Magic, Magical Symbols e Alphabets, Crystal Magic, Plant Magic* e *Sea Magic*. Conteúdos extraídos de seu livro, *Llewellyn's Complete Book of Correspondences*, têm sido usados ao longo desta série. Ela é de Escorpião. Encontre-a em: http://www.kynes.net.

## Crow Walker

Crow Walker tem sua casa no Pacific Northwest com gatos, harpas e muitos livros para enumerar. Ela é uma iniciada no Ofício de Anderson Feri e Reclaiming Traditions e acredita que com grandes poderes vêm grandes responsabilidades para usar esse poder para o bem de todos.

ÁRIES
ÁRIES
ÁRIES
ÁRIES
ÁRIES
ÁRIES
ÁRIES

# Notas

Notas

Notas

ÁRIES
ÁRIES
ÁRIES
ÁRIES
ÁRIES
ÁRIES
ÁRIES

Esta edição foi composta pela Editora Ardane, São Paulo, SP. Os papéis utilizados foram o off set, gramatura 90 para o miolo e cartão triplex para a capa. O texto principal foi composto em fonte Adobe Jenson Pro 11 e entrelinhamento 15 e os títulos em Tekno ICG 14 e entrelinhamento 16. Impresso no Brasil.